Trivia sobre la historia de Mesopotamia

Explore la cuna de la civilización con más de 500 preguntas y respuestas sobre la antigua Mesopotamia

Índice

Introducción

La antigua Mesopotamia, la tierra conocida por sus productivos territorios y algunos de los mayores inventos de la humanidad, tiene muchos tesoros por descubrir. Durante miles de años antes de la era cristiana, los mesopotámicos vivieron tiempos difíciles y obtuvieron muchas victorias, dentro y fuera del campo de batalla.

En este libro recopilatorio de trivia aprenderá cómo los mesopotámicos hicieron crecer su poder y su cultura, desde unos pequeños asentamientos entre dos ríos hasta los mayores imperios del mundo antiguo. Descubrirá cómo cayeron estos imperios y todo lo que ocurrió en los campos de batalla y en la vida de la gente corriente.

Leerá sobre los antiguos dioses y diosas, gobernantes, constructores e inventores que permitieron a las civilizaciones mesopotámicas convertirse en los magníficos imperios conocidos a lo largo de la historia. También verá cómo la antigua civilización mesopotámica influyó en el mundo moderno, y no sólo en su territorio.

¿Es usted nuevo en las trivias de historia o de civilizaciones antiguas? No se preocupe. Este libro es excelente para principiantes porque tiene explicaciones sencillas para todas las preguntas, incluso las más difíciles.

No sólo eso, sino que algunas de las preguntas son fáciles de responder si se toma un poco de tiempo para pensar en ellas. Si no ha leído antes un libro de trivia de historia, empiece con este.

Puede hacer varios intentos para resolver una pregunta, así que no se preocupe si no acierta a la primera. Puede volver cada vez que haya leído algo interesante.

Al final de los capítulos encontrará las claves de respuesta. Si no sabe la respuesta a una pregunta, resista la tentación de saltar directamente a la respuesta. Deténgase y piense un poco más antes de buscarla.

Si lee libros de trivia con regularidad, también disfrutará con algunas de las preguntas más desafiantes. Después de todo, las trivias sólo son divertidas si debe esforzarse por averiguar las respuestas. Cuando lo haga, sentirá que está en la cima del mundo.

Si quiere compartir todos los datos curiosos que ha aprendido, no dude en leérselos a otras personas. Una de las mejores cosas de este libro es que puede compartirlo con cualquiera. No importa cuánto sepan sobre la antigua Mesopotamia, la pasarán igual de bien leyendo las preguntas y respuestas.

Algunas de las respuestas le sorprenderán, y sorprenderán también a otros si las leen. Podrá divertirse con amigos y familiares y sacar más gemas de su cofre del tesoro histórico. Es lo mejor de ambos mundos.

¿Quiere saber por qué este libro es estupendo para todos? No contiene únicamente aburridos hechos históricos de los que usted está acostumbrado a ver en un libro de historia. Tiene barras laterales y recuadros con datos divertidos de los que quizá nunca haya oído hablar, para que no se aburra.

¿Está preparado para iniciar su viaje por la misteriosa Mesopotamia antigua? Si es así, adelante, continúe leyendo. Cada capítulo le revelará una joya oculta (o tal vez varias) que podrá compartir o guardar para ampliar sus conocimientos sobre la historia antigua.

Capítulo 1: Los albores de la civilización mesopotámica

Según los primeros registros históricos, la vida en la antigua Mesopotamia comenzó a prosperar alrededor del año 8000 a. C. Sin embargo, es posible que la gente viviera en este territorio mucho antes de esta fecha. Después de todo, está situado entre dos grandes ríos, lo que hacía que la tierra fuera perfecta para cultivar y criar animales para obtener alimentos, ropa y mucho más.

Para comenzar nuestro viaje, este capítulo le mostrará cómo surgieron las civilizaciones mesopotámicas y cómo fue la vida de los pueblos mesopotámicos.

Preguntas de opción múltiple

1. ¿Cuáles son los dos ríos principales que definen las fronteras de Mesopotamia?

   A. Nilo y Amazonas

   B. Tigris y Éufrates

   C. Ganges y Yangtsé

   D. Nilo Blanco y Nilo Azul

2. ¿Con qué lenguas modernas está emparentada la lengua acadia?

   A. Árabe

   B. Hebreo

   C. Birmano

   D. Jemer

3. ¿En qué material estaba escrito el Código de Hammurabi?

A. Papiro

B. Tablas de arcilla y losas de piedra

C. Papiros y tablillas de arcilla

D. Tablas de piedra

4. ¿En qué se basaba el Código de Hammurabi para determinar el castigo de los delitos?

A. El delito

B. El momento en que se cometió el delito

C. Estatus social

D. La edad del acusado

5. El Código de Hammurabi fue una de las primeras formas de gobierno constitucional porque contenía...

A. La posibilidad de que la gente presente pruebas en su caso

B. La presunción de inocencia hasta que se demuestre la culpabilidad

C. Ajustes basados en el estatus social

D. Todas las anteriores

6. ¿Cuáles eran las principales clases sociales en la antigua Mesopotamia?

A. Reyes, sacerdotes, clases bajas y esclavos

B. Reyes, escribas y esclavos

C. Los gobernantes, la clase media y los esclavos

D. Gobernantes, sacerdotes y escribas

7. ¿Qué lengua sustituyó a la sumeria después de 2004 a. C.?

A. Acadio

B. Asirio

C. Amorita

D. Semirita

8. ¿Quién fue Sargón de Acad?

    A. Gobernante acadio

    B. El gobernante que transformó Sumer, la pequeña ciudad-estado, en el primer imperio del mundo

    C. Gobernante asirio

    D. Un gobernante elegido por los dioses

9. ¿Quiénes eran los enemigos más poderosos de los acadios?

    A. Persas

    B. Macedonios

    C. Egipcios

    D. Los ciudadanos de la ciudad-estado de Ebla

10. ¿Sobre qué civilización rival influyeron más los sumerios?

    A. La ciudad-estado de Ebla

    B. Los elamitas

    C. Los egipcios

    D. La civilización del valle del Indo

Verdadero o falso

1. Los mesopotámicos fueron los primeros en crear un código de leyes escrito.

- Verdadero
- Falso

2. Los mesopotámicos fueron una de las primeras sociedades urbanas especializadas.

- Verdadero
- Falso

3. La primitiva civilización mesopotámica era una mezcla de las dos civilizaciones vecinas.

- Verdadero
- Falso

4. La escritura cuneiforme sólo se utilizó brevemente en el siglo XXI a. C.

- Verdadero
- Falso

5. Los sumerios empezaron a comerciar con otras civilizaciones primitivas por tierra.

- Verdadero
- Falso

6. El primer imperio dinástico del mundo fue el sumerio.

- Verdadero
- Falso

7. El Imperio asirio recibió el nombre de su capital.

- Verdadero
- Falso

8. El imperio asirio era más pequeño que el imperio acadio.

- Verdadero
- Falso

9. Babilonia fue una pequeña ciudad durante más de un siglo antes de convertirse en el centro del famoso imperio babilónico.

- Verdadero
- Falso

10. El imperio babilónico fue finalmente destruido por los persas.

- Verdadero
- Falso

Rellene el espacio en blanco

1. El término mesopotámico significa la tierra _____ _____.

2. La ciudad más antigua conocida del mundo, _____, estaba situada en la antigua Mesopotamia.

3. Uno de los inventos mesopotámicos más importantes fue _____.

4. Además de los códigos legales y la escritura, los mesopotámicos también eran conocidos por su uso de _____.

5. _____ desempeñó un papel importante en la cultura y la vida mesopotámicas.

6. Una de las primeras historias más famosas del mundo, La Epopeya de Gilgamesh, fue escrita en _____.

7. Los mesopotámicos utilizaban la escritura cuneiforme para escribir _____ y _____ entre ellos y registrar _____ y _____.

8. Los sumerios eran excelentes constructores de _____ y crearon embarcaciones para atravesar el _____.

9. La religión sumeria era _____, y sus dioses tenían a menudo forma _____.

10. En Sumeria, los centros de las ciudades eran los templos, construidos sobre enormes _____.

Preguntas sobre las imágenes

1. ¿Cómo se llama esta antigua forma de escritura desarrollada en Mesopotamia?

Imagen 1

Respuesta: _____

2. La escritura sumeria no sólo se utilizaba para los registros. Esta placa es de alrededor del 2600 a. C. y tiene escritura e imágenes. ¿Puede adivinar para qué se utilizaba?

Imagen 2

Respuesta:

_____

_____

_____

3. Nombre esta antigua estructura mesopotámica.

Imagen 3

Respuesta: _____

4. ¿Qué imperio mesopotámico aparece en verde?

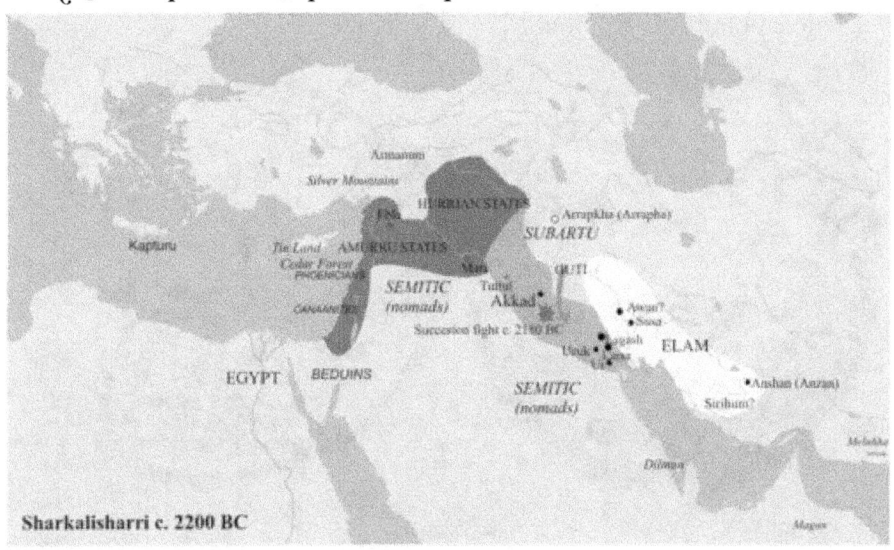

Imagen 4

Respuesta: _____

5. Este conquistador provocó el fin de lo que quedaba de la cultura mesopotámica. ¿Quién es?

Imagen 5

Respuesta: _____

6. Este imperio mesopotámico se fundó tras un levantamiento que trajo consigo el segundo código de leyes de la antigua Mesopotamia. ¿Puede nombrarlo?

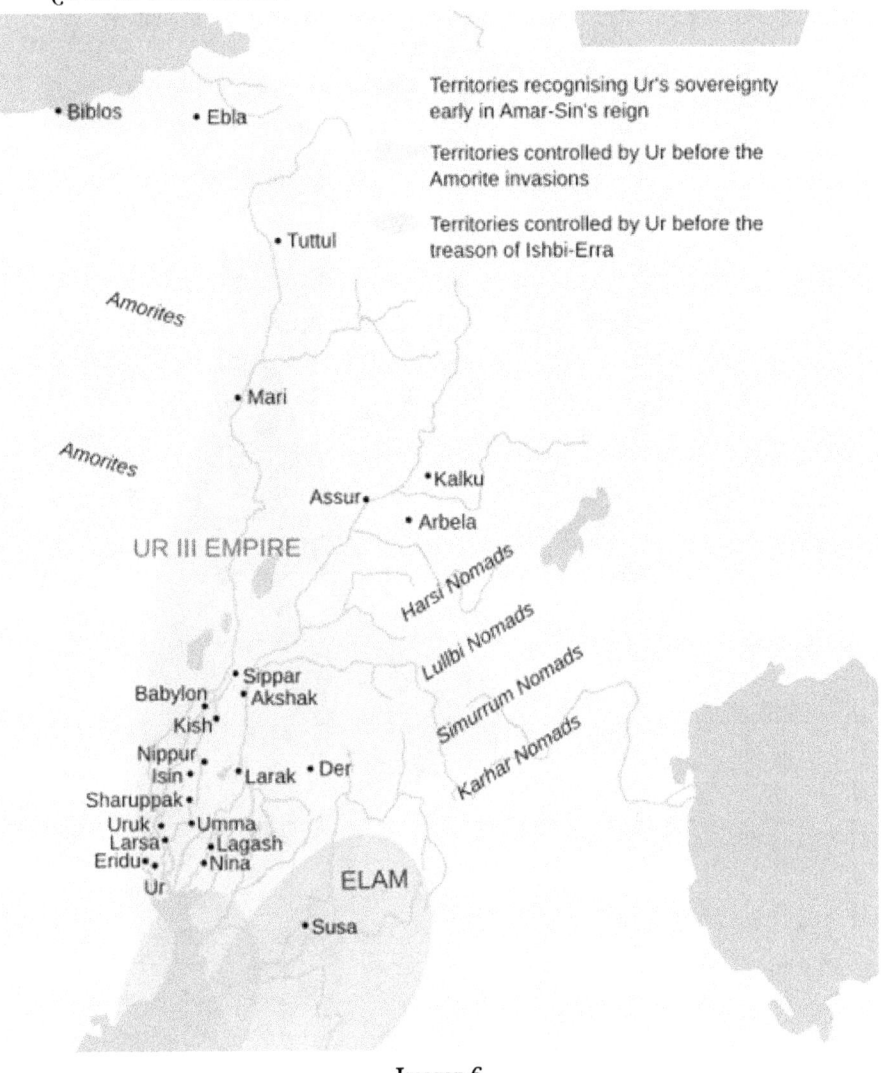

Imagen 6

Respuesta: _____

7. ¿Qué representa este mapa del siglo XVII a. C.?

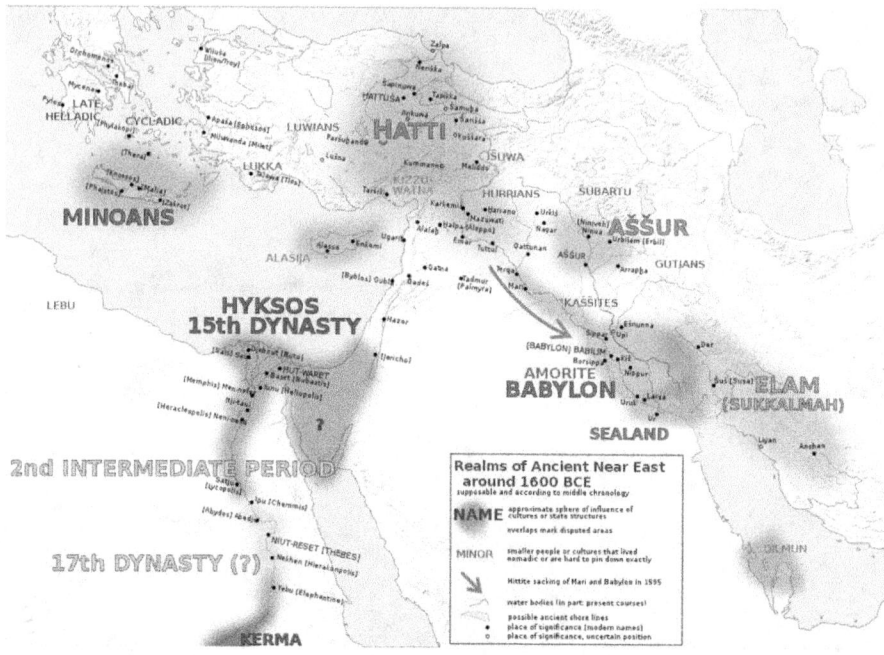

Imagen 7

Respuesta:

_____

_____

_____

8. Estas imágenes muestran cascos mesopotámicos tal y como aparecen representados en antiguos relieves de arcilla (tablillas). ¿Puede adivinar en qué imperio se utilizaban estos cascos?

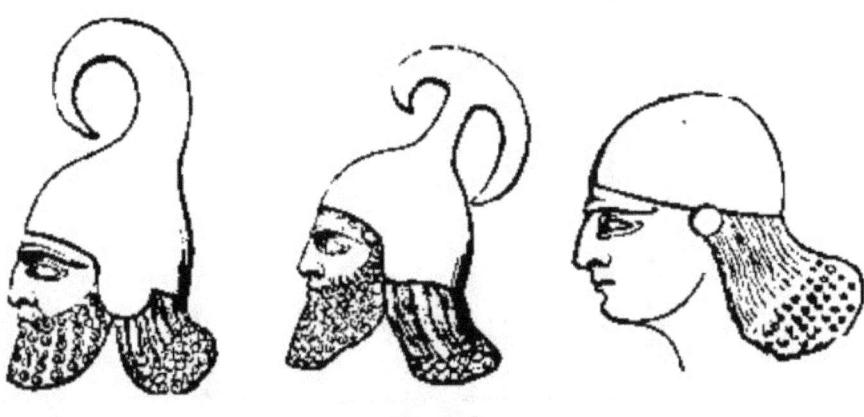

Imagen 8

Respuesta: _____

9. Nombre a este gobernante mesopotámico que llegó al poder con la nueva dinastía en 722 a. C.

Imagen 9

Respuesta: _____

10. Nombre la ciudad mesopotámica donde se encuentra esta antigua puerta.

Imagen 10

Respuesta: _____

Preguntas sobre el calendario

1. Ordene cronológicamente estos imperios mesopotámicos:

   - Babilónico
   - Sumerio
   - Acadio
   - Asirio

2. Ordene estos acontecimientos cronológicamente:

   - Aparece la primera gran civilización
   - Las primeras civilizaciones en Mesopotamia
   - Primera escritura registrada
   - La agricultura se generaliza

3. Ordene cronológicamente estos acontecimientos sumerios:

   - La rueda más antigua
   - Comienza el intercambio cultural con los acadios
   - La fecha aproximada de la escritura de la *Epopeya de Gilgamesh*
   - Los sumerios caen bajo el dominio del Imperio acadio

4. Ordene cronológicamente los siguientes acontecimientos:

   - Los babilonios conquistan el sur de Mesopotamia
   - El colapso del Imperio acadio
   - Se funda Babilonia
   - El dominio del Imperio asirio

5. Ordene los siguientes acontecimientos babilónicos:

   - El auge del Imperio neobabilónico
   - Se escribe el Código de Hammurabi
   - La primera invasión de Babilonia
   - Los persas conquistan Babilonia

6. ¿Qué fue primero, el auge de la agricultura o el crecimiento de las ciudades?

7. ¿Los sumerios escribían primero en tablillas de arcilla y después las cocían o tallaban sus símbolos en tablillas ya cocidas?

8. Ordene los acontecimientos cronológicamente:

- Levantamiento gutiano
- La caída del Imperio acadio
- La fundación de Babilonia
- Los sumerios caen bajo el control de Ur

9. Ordene los acontecimientos cronológicamente:

- Los asirios conquistaron a los hititas
- Los hititas conquistan Babilonia
- Los asirios conquistaron Israel
- La dinastía se divide en provincias

10. ¿Qué fue primero, la destrucción de las antiguas ciudades y cultura mesopotámicas o la derrota del Imperio persa?

Respuesta: _____

Clave de respuestas

Preguntas de opción múltiple

1. B. El territorio de Mesopotamia está situado entre los ríos Tigris y Éufrates. Estos ríos viajan de norte a sur y desembocan en el golfo Pérsico. La mayor parte del territorio es actualmente el país de Irak.

2. A y B. La lengua acadia está emparentada con las lenguas hebrea y árabe actuales. Las tres lenguas pertenecen a la familia de las lenguas semíticas, que deben su nombre a Sem, hijo de Noé y antepasado de todos los pueblos árabes y judíos.

3. B. El Código de Hammurabi fue escrito en tablillas de arcilla y losas de piedra. Esta forma de escritura era la más popular hacia 1754 a. C., cuando Hammurabi escribió este código.

4. C. El Código de Hammurabi determinaba el castigo de los delitos en función del estatus social. Por ejemplo, si una persona noble hería a otra persona noble, tendría que ser herida de la misma manera (es decir, si rompía el brazo de la otra persona, le romperían el brazo). Mientras que si una persona noble hería a un esclavo, sólo tendría que pagar una multa.

5. D. El Código de Hammurabi fue una forma temprana de gobierno constitucional porque daba a la gente la oportunidad de presentar pruebas para su caso, y todo el mundo era considerado inocente hasta que se demostrara su culpabilidad. Los ajustes según el estatus social contribuyeron aún más a la categoría de la primitiva forma de gobierno constitucional.

6. A. Las principales clases sociales de la antigua Mesopotamia eran los reyes, los sacerdotes y la nobleza, las clases bajas y los esclavos. La clase baja incluía agricultores, soldados y constructores. También había varias clases de reyes. Algunos gobernaban imperios enteros, mientras que otros sólo gobernaban ciudades-estado.

7. A. Después de 2004 a. C., el sumerio desapareció lentamente como lengua hablada. Fue sustituido por el acadio. A partir de entonces, el sumerio sólo se utilizó en ceremonias religiosas o para registrar relatos e historia.

8. A. y B. Sargón de Acad fue el gobernante que transformó Sumer, la pequeña ciudad-estado, en el primer imperio del mundo: el Imperio acadio. Según su autobiografía, Sargón fue abandonado por su madre cuando era un bebé, pero fue elegido por los dioses para

gobernar y convertirse en el poderoso rey. Sin embargo, algunos argumentan que Sargón sólo afirmaba esto para asegurarse de ser visto como un gobernante digno (después de todo, ¿quién podría haber sido más digno que un elegido por los dioses?).

9. D. Los enemigos más poderosos de los acadios eran los ciudadanos de la ciudad-estado de Ebla. También aprendieron la escritura y la lengua cuneiforme, pero adoraban a dioses diferentes. Algunos de sus dioses eran rivales de las deidades acadias.

10. B. La civilización sumeria ejerció la mayor influencia sobre los elamitas, el pueblo que vivía en el sureste de Mesopotamia (actual Irán). El centro de esta civilización era la ciudad de Susa, donde el arte y la arquitectura eran muy similares a los sumerios.

Verdadero o falso

1. Verdadero. El primer código de leyes, conocido como el Código de Ur-Nammu, fue creado en la antigua Mesopotamia. Fue tallado en tablillas por los sumerios.

2. Verdadero. Debido a la ubicación de sus asentamientos (entre dos grandes ríos), la primitiva civilización mesopotámica se especializó en la agricultura. Cuanta más gente empezó a trabajar en la agricultura, más empezaron a vivir cerca unos de otros, lo que constituye la definición de las comunidades urbanas.

3. Verdadero. La primitiva civilización mesopotámica se formó a partir de una mezcla de las civilizaciones egipcia y del valle del Indo. Éstas reunieron diferentes culturas, lenguas y religiones y crearon una nueva civilización que tuvo un enorme impacto en la historia y el crecimiento de las civilizaciones futuras.

4. Falso. La escritura cuneiforme se utilizó durante unos 2000 años después de que apareciera por primera vez en tablillas arcaicas. Fue sustituida en el primer milenio cuando se inventó y se puso en uso la escritura fenicia.

5. Falso. Los sumerios utilizaron excelentes técnicas de construcción naval para viajar a ultramar y llegar a otras civilizaciones primitivas sobre el agua.

6. Falso. El primer imperio dinástico del mundo fue el acadio. Fue fundado por Sargón de Acad en 2334 a. C.

7. Verdadero. El imperio asirio recibió su nombre de Ashur (también conocida como Ašur), la antigua ciudad situada en el corazón del

imperio en el norte de Mesopotamia.

8. Falso. El imperio asirio era mucho mayor que su antepasado acadio, extendiéndose desde las fronteras de Persia en el este hasta las fronteras de Egipto y Chipre en el oeste.

9. Verdadero. Babilonia fue una ciudad pequeña desde su fundación en 1894 a. C. hasta después de 1792 a. C., cuando Hammurabi subió al trono. Bajo su gobierno, la ciudad se convirtió en el centro del famoso imperio babilónico.

10. Falso. El Imperio babilónico fue finalmente destruido por el rey macedonio, Alejandro Magno, en el año 335 de la era cristiana.

Rellene el espacio en blanco

1. El término mesopotámico significa la tierra <u>entre los ríos</u>.

2. La ciudad más antigua conocida del mundo, <u>Eridu</u>, estaba situada en la antigua Mesopotamia.

3. Uno de los inventos mesopotámicos más importantes fue la <u>escritura</u>.

4. Además de los códigos legales y la escritura, los mesopotámicos también eran conocidos por su uso de <u>la tecnología</u>.

5. <u>La religión</u> desempeñó un papel importante en la cultura y la vida mesopotámicas.

6. Una de las primeras historias más famosas del mundo, La *Epopeya de Gilgamesh*, fue escrita en <u>cuneiforme</u>.

7. Los mesopotámicos utilizaban la escritura cuneiforme para escribir <u>leyendas</u> y <u>cartas</u> entre ellos y registrar <u>fechas importantes</u> y <u>ventas</u>.

8. Los sumerios eran excelentes constructores de <u>barcos</u> y crearon embarcaciones para atravesar <u>el golfo Pérsico</u>.

9. La religión sumeria era <u>politeísta</u> y sus dioses tenían a menudo forma humana.

10. En Sumeria, los centros de las ciudades eran los templos, construidos sobre enormes <u>zigurats</u>.

Cazador de mitos: Conceptos erróneos comunes sobre Mesopotamia

Los jardines colgantes de Babilonia

Los Jardines Colgantes de Babilonia no existieron, o al menos no de la forma en que se describen en la mitología mesopotámica. Según ésta, en Babilonia había jardines construidos sobre terrazas a varios pisos de altura. Había varias capas de terrazas ajardinadas, que prosperaban con las flores y el verdor más hermosos.

El único problema era que Babilonia estaba en medio de una zona desértica, donde el agua era difícil de conseguir. Según los historiadores, regar los jardines colgantes sería una tarea imposible. Además, ninguna excavación arqueológica pudo descubrir rastro alguno de estos míticos jardines.

No todos los dioses controlaban la naturaleza

En la cultura popular, los dioses y diosas mesopotámicos suelen aparecer como entidades feroces capaces de convocar los poderes de la naturaleza en un instante. En realidad, algunos dioses y diosas mesopotámicos también ayudaron a la gente y a sus comunidades a aprender nuevas habilidades, derrotar a sus rivales y sobrevivir a tiempos difíciles.

Algunas deidades ayudaban al trabajo de los escribas (escritores), mientras que otras guiaban a los metalúrgicos en la creación de las mejores armas. Otras ayudaban a quienes deseaban aprender el antiguo arte de la medicina tradicional. Algunos dioses y diosas custodiaban ciudades y comunidades específicas.

Aunque algunas deidades mesopotámicas colaboraban con la naturaleza, su número era muy inferior al de dioses y diosas que ayudaban a la gente.

Preguntas sobre las imágenes

1. La escritura cuneiforme. Las cuñas talladas facilitaban a los sumerios el registro de lo que quisieran. Por ejemplo, esta tablilla de arcilla contiene el registro de la cantidad de plata dispuesta para la comida de un gobernador. Data de alrededor del 2500 a. C.

2. Se trata de una placa mural votiva que probablemente se utilizaba en edificios o ceremonias religiosas.

3. El Zigurat de Ur tiene una torre escalonada construida con ladrillos de barro y una cima plana. En su cima se alzaba una estructura techada que albergaba el ídolo sagrado o la imagen de la deidad del templo. El complejo del templo también incluía las viviendas de los sacerdotes, talleres para los artesanos que fabricaban artículos para el templo e instalaciones de almacenamiento para satisfacer las necesidades de los trabajadores del templo.

4. El Imperio acadio, el primer imperio verdadero del mundo. Éste era el territorio del imperio hacia el 2200 a. C., bajo su primer

gobernante, Sargón de Acad.

5. Alejandro Magno, rey de Macedonia, conquistó el Imperio persa en el siglo IV.

6. El Imperio de Ur. Estaba dirigido por Ur-Namma, que registró el código de leyes de Ur-Nammu.

7. Todos los imperios vecinos y rivales cercanos al Imperio babilónico, incluidos los hititas, que pronto atacarían Babilonia. (La dirección del ataque que se avecinaba se muestra con la flecha).

8. Estos son cascos del Imperio asirio.

9. Sargón II admiraba mucho a su tocayo, Sargón el Grande. Quería establecer un reino tan fuerte como el de Sargón cuando fundó el primer imperio multicultural del mundo.

10. La ciudad de Nínive, una gran ciudad del periodo asirio. Con 15 puertas de entrada, la ciudad era tan impresionante como Babilonia.

Un día en la vida de un adolescente sumerio

Los adolescentes sumerios empezaban sus días yendo a la escuela. La educación era muy importante en las clases sociales medias y altas, por lo que se esperaba que los niños prestaran atención en la escuela y aprendieran sus lecciones. Una de las asignaturas principales era la escritura, que debían practicar en tablillas de arcilla. Los niños eran supervisados por maestros, y si no aprendían sus lecciones o no prestaban atención, eran castigados.

De vuelta a casa, se esperaba que los adolescentes sumerios practicaran aún más sus tareas escolares. También tenían tareas que hacer en casa. Si la familia tenía animales, los adolescentes tenían que ayudar a cuidarlos. A las chicas se les asignaban más tareas en la casa (por ejemplo, tenían que ayudar a preparar la comida, la cena y limpiar). A los chicos se les asignaban tareas en casa, o a veces iban de caza con sus padres.

En su tiempo libre, a los adolescentes sumerios les gustaba practicar deportes como la lucha o la natación. Por la noche, la familia se reunía. Los miembros mayores contaban historias y los niños escuchaban atónitos. Si la familia tenía un cantante o músico con talento, interpretaba. Algunos adolescentes tocaban la flauta o el arpa.

Al día siguiente, volvían a empezar la jornada calzándose sandalias y ropas de piel de animal y se dirigían a la escuela.

Preguntas sobre el calendario

1. Sumerio

Acadio

Asirio

Babilónico

2. Las primeras civilizaciones en Mesopotamia - Según los registros arqueológicos, se formaron alrededor del 12000 a. C.

La agricultura se generaliza - Los mesopotámicos tenían una agricultura próspera hacia el 6000 a. C.

Aparece la primera gran civilización - La primera de las mayores civilizaciones mesopotámicas, la sumeria, apareció entre el 4000 y el 6000 a. C.

Primera escritura registrada - La primera escritura registrada en la historia de la humanidad apareció alrededor del año 3000 a. C. en la civilización sumeria.

3. La rueda más antigua - La rueda más antigua del mundo data del año 3500 a. C. y corresponde al apogeo de la civilización sumeria.

Comienza el intercambio cultural con los acadios - Los sumerios iniciaron un gran intercambio cultural con sus vecinos del norte, los acadios, alrededor del año 3000 a. C.

Los sumerios caen bajo el dominio del Imperio acadio - En 2334 a. C., los sumerios estaban bajo el dominio de los acadios.

La fecha aproximada de la escritura de la *Epopeya de Gilgamesh.* - Aunque no se puede determinar la fecha exacta de este famoso relato sumerio (y posiblemente el primer relato escrito de la historia), los historiadores sitúan su creación en torno a los años 2100-1200 a. C.

4. El colapso del Imperio acadio - Tras 180 años de existencia, el Imperio acadio se derrumbó en 2154 a. C.

El dominio del Imperio asirio - Tras el colapso del Imperio acadio, el control de la mayor parte de Mesopotamia fue tomado por los asirios. Lo mantuvieron durante los 1400 años siguientes (hasta el siglo VII a. C.).

Se funda Babilonia - Babilonia, la ciudad que se convirtió en el centro de un posterior imperio mesopotámico, fue fundada en 1894 a. C.

Los babilonios conquistan el sur de Mesopotamia - La civilización babilónica se hizo con el control del sur de Mesopotamia bajo el gobierno de Hammurabi entre 1792 y 1750 a. C.

5. Se escribe el Código de Hammurabi hacia 1754 a. C. cuando el sexto rey babilonio Hammurabi ordenó la redacción de un nuevo código de leyes llamado Código de Hammurabi. Era una recopilación de códigos de leyes antiguos y mejorados de los anteriores imperios mesopotámicos.

La primera invasión de Babilonia - Babilonia fue una gran potencia en la región hasta que fue invadida y destruida en 1531 a. C.

El auge del Imperio neobabilónico - Tras su destrucción, la civilización babilónica se reformó y llegó a ser igual de poderosa con el Imperio neobabilónico entre el 626 a. C. y el 539 a. C.

Los persas conquistan Babilonia - El Imperio neobabilónico fue conquistado por los persas en 539 a. C.

6. El auge de la agricultura llegó primero, pero los antiguos mesopotámicos vivieron en pequeñas comunidades durante dos milenios después. Sus ciudades no empezaron a crecer hasta después del 5500 a. C.

7. Los sumerios escribían primero en tablillas de arcilla y después las horneaban. El horneado hacía que las tablillas fueran más duraderas (de forma similar a como se fabricaban los ladrillos de construcción mesopotámicos), y la escritura podía conservarse durante mucho tiempo.

8. La caída del Imperio acadio en 2193 a. C. provocó muchas protestas y levantamientos, entre ellos el de los gutianos. Estos bárbaros del norte querían hacerse con el control del imperio.

Los sumerios caen bajo el control de Ur - El rey de la ciudad de Ur y el gobernante de Ur-Namma se hicieron con el control de los antiguos territorios acadios después del 2100 a. C.

La fundación de Babilonia - Ur-Namma fue atacada por los amorreos y los elamitas en 2004 a. C. Los amorreos tomaron finalmente el control y fundaron Babilonia.

9. Los hititas, civilización que vivía en Siria y Anatolia, conquistaron a los babilonios hacia 1595 a. C.

El papel del Imperio asirio era controlar el lugar habitado por los hititas hacia 1365 a. C.

Los asirios conquistaron Israel hacia principios del siglo VIII a. C.

La nueva dinastía asiria fue dividida en provincias por Sargón II en el 722 a. C.

10. Alejandro Magno invadió el Imperio persa en el año 331 a. C. Para entonces, la mayoría de las antiguas ciudades mesopotámicas ya habían sido destruidas y la cultura había sido superada por los conquistadores anteriores.

Capítulo 2: Dioses y mitos: el panteón mesopotámico

Los antiguos mesopotámicos eran politeístas, lo que significa que adoraban a muchos dioses y diosas. Algunas de estas deidades eran locales y sólo las conocían algunos grupos, mientras que otras trascendían el territorio y los imperios que se alzaban y caían por toda Mesopotamia.

Este capítulo le introducirá en la mitología mesopotámica y en los papeles de los dioses y diosas más importantes. Podrá poner a prueba sus conocimientos, ver de cuántos ha oído hablar y aprender sobre los menos conocidos.

Dioses y diosas: el panteón mesopotámico

Entre los muchos dioses adorados por los mesopotámicos, tres desempeñaban los papeles más importantes. Este trío estaba formado por Anu, el dios del cielo, Ea, el dios del agua y la sabiduría, y Enlil, el gobernante de los destinos. Ea también era conocido como el creador y protector de las personas, mientras que Enlil gobernaba las tormentas y la tierra.

Ereshkigal e Ishtar eran hermanas, ambas diosas importantes, a menudo acompañadas de sombras y otros animales nocturnos. Eran especialmente veneradas en Babilonia; cada ciudad mesopotámica tenía su propio dios o diosa patrona.

Marduk, el hijo primogénito de Ea, fue un héroe y un dios que, al igual que su padre, mostró grandes fortalezas. Como recompensa, se le otorgó la responsabilidad de controlar los asuntos que antes regía el dios superior.

Había miles de otras deidades en el panteón mesopotámico, incluidos los dioses menores, que dependían de los poderes superiores. Algunos eran metamorfos, otros nacieron humanos y más tarde ganaron la inmortalidad, mientras que otros tenían poderes oscuros y a menudo eran representados como demonios.

Las historias de las grandes hazañas de Ea se ven en el mito del Gran Diluvio y en la *Epopeya de Gilgamesh*. En otra historia, Ea creó a las personas dándoles forma de arcilla e insuflándoles vida. A Enlil, no gustándole la idea de que otros seres compartieran la esencia de Ea, envió un diluvio para destruir a los humanos. Ea dijo a la gente que, si querían sobrevivir, debían construir un arca, cosa que hicieron y como resultado se salvaron.

Preguntas de opción múltiple

1. ¿Qué dios mesopotámico era conocido como el rey de los dioses y el dios del cielo?

    A. Enki

    B. Anu

    C. Tiamat

    D. Ea

2. ¿Qué asuntos presidían Anu, Enlil y Ea?

    A. Espíritus

    B. Dioses inferiores

    C. Universo

    D. Todas las anteriores

3. El sumerio es un...

    A. Idioma

    B. Religión

    C. Culto

    D. Ninguna de las anteriores

4. ¿Cuál era el dominio de Ninib, Shamash y Nergal?

    A. Agua

    B. Sol

    C. Luna

    D. Tormenta

5. ¿Qué clase de deidades son Ea y Nebo?

    A. Sol

    B. Luna

    C. Agua

    D. Tierra

6. ¿Cómo se rendía culto a las diferentes deidades en las distintas regiones de Mesopotamia?

    A. De la misma manera

    B. Diferente

    C. Algunos adoraban igual, otros diferente

    D. Algunas regiones tenían métodos específicos de culto para algunos dioses

7. ¿Con qué imperio mesopotámico están asociados los "Siete dioses que decretan"?

    A. Acadio

    B. Babilonia

    C. Sumerio

    D. Asirio

8. ¿Qué texto es fundamental en la mitología mesopotámica, ya que explica los orígenes y poderes de las deidades más importantes?

    A. *Enuma Elish*

    B. *Epopeya de Gilgamesh*

    C. *La familia de los dioses mesopotámicos*

    D. *El descenso de Inanna*

9. Es imposible rastrear el origen de todos los dioses y diosas mesopotámicos. ¿Por qué?

   A. Algunos aparecen varias veces

   B. Algunos sólo se mencionan vagamente

   C. Algunos tienen orígenes confusos

   D. Todas las anteriores

10. A pesar de todas las diferencias en la representación de los distintos dioses y diosas, había algunos temas constantes. Por ejemplo, ¿Nanna y Ningal eran siempre los padres de qué deidad?

    A. Ea

    B. Dumuzi

    C. Inanna

    D. Antum

Verdadero o falso

1. La *Epopeya de Gilgamesh* es una de las primeras obras conocidas de ficción literaria.

   • Verdadero

   • Falso

2. Ea es el otro personaje principal de la historia *Inanna y el Dios de la Sabiduría*.

   • Verdadero

   • Falso

3. Los mesopotámicos creían que las personas eran iguales a los dioses.

   • Verdadero

   • Falso

4. Los relatos de destrucción por los dioses son raros en la historia mesopotámica.

   • Verdadero

   • Falso

5. Los mesopotámicos creían que los dioses les castigarían incluso en la otra vida.

- Verdadero
- Falso

6. Los sumerios tenían un concepto de dios desde los primeros tiempos.

- Verdadero
- Falso

7. Muchas de las deidades mesopotámicas fueron creadas para explicar acontecimientos que la gente veía ocurrir en su vida cotidiana.

- Verdadero
- Falso

8. Los dioses y diosas mesopotámicos se aparecían a menudo a la gente.

- Verdadero
- Falso

9. El panteón mesopotámico fue creciendo a medida que evolucionaban los acontecimientos políticos y sociales a lo largo de la historia de la región.

- Verdadero
- Falso

10. A principios del segundo milenio a. C., los babilonios clasificaban a sus deidades principales en un orden numérico jerárquico.

- Verdadero
- Falso

Rellene el espacio en blanco

1. La diosa mesopotámica del amor y la guerra se llama _____.

2. El dios babilónico de la muerte y la enfermedad se llama _____.

3. Los sumerios también tenían otra diosa del amor. Su nombre es _____.

4. _____ es uno de los siete sabios representados a menudo portando un cubo y un cono de incienso para la purificación.

5. El dios mesopotámico del agua dulce y fresca es _____. Fue asesinado por su hijo _____.

6. Los babilonios ofrecían su gratitud a _____ cuando se terminaba una construcción.

7. La "Señora de los animales" sumeria, _____, era una diosa madre local.

8. El dios babilónico del grano y la fertilidad, _____, era adorado cerca de la sección media del Éufrates.

9. Como madre del héroe convertido en dios Marduk, _____ también tenía un papel importante en el panteón babilónico.

10. El dios babilónico de la sabiduría se llama _____ o _____.

Preguntas sobre las imágenes

1. Identifique a esta deidad y describa su papel en la mitología mesopotámica.

Imagen 11

Respuesta:

_____

_____

_____

2. Además de las divinidades, en Mesopotamia también se representaban otras figuras religiosas en estatuas de arcilla o piedra. ¿Puede adivinar el papel de esta figura?

Imagen 12

Respuesta:

_____

_____

_____

3. Nombre esta criatura divina de la mitología mesopotámica.

Imagen 13

Respuesta:

_____

_____

_____

4. Nombre a este dios mesopotámico.

Imagen 14

Respuesta:

_____

_____

_____

5. Como muchos dioses, éste también tenía forma animal. ¿Puede adivinar quién es el pez/serpiente de la parte izquierda de la imagen?

Imagen 15

Respuesta:

_____

_____

_____

6. Esta criatura mesopotámica fue derrotada por Gilgamesh y Enkidu. ¿Conoce su nombre?

Imagen 16

Respuesta:

_____

_____

_____

7. ¿Este cuadro representa el matrimonio de qué dioses?

Imagen 17

Respuesta:

_____

_____

_____

8. Este dios era adorado por los acadios, pero más tarde fue asimilado por el dios Marduk. ¿Quién es?

Imagen 18

Respuesta:

_____

_____

_____

9. Nombre a esta diosa.

Imagen 19

Respuesta:

_____

_____

_____

10. Nombre esta deidad babilónica.

Imagen 20

Respuesta:

_____

_____

_____

Emparejar al Dios con su dominio

1. Anu	Fuego y luz
2. Ereshkigal	Muerte
3. Geshtianna	Grano
4. Damu	Inframundo
5. Zababa	Magia
6. Nusku	Cielo
7. Nergal	Guardián de la puerta
8. Haya	Guerra
9. Asalluhi	Curación
10. Papsukkal	Fertilidad

Clave de respuestas

Preguntas de opción múltiple

1. B. Anu, uno de los tres principales dioses mesopotámicos, era el rey de los dioses y el dios del cielo. La palabra sumeria "An" significa "cielo", indicando el reinado de las deidades. Con el tiempo, Anu se hizo más poderoso, gobernando sobre todo el panteón en la época del Imperio babilónico.

2. D. Anu, Enlil y Ea gobernaban sobre todos los espíritus, los dioses inferiores y el universo entero. En los relatos posteriores, ceden el control a Marduk, el hijo de Ea.

3. A. El sumerio es una lengua que se convierte en cuneiforme en forma escrita. El sumerio no es una religión o culto porque los sumerios no tenían una religión propia y única. Adoptaron muchas de sus creencias de las otras naciones.

4. B. Ninib, Shamash y Nergal son las tres deidades solares del panteón mesopotámico (rigen sobre el sol y sus efectos en el entorno de las personas).

5. C. Ea y Nebo son las principales divinidades del agua en Mesopotamia.

6. B. y D. Las distintas regiones tenían diferentes formas de adorar a ciertos dioses. Estos dioses estaban asociados a la región. Por ejemplo, en Eridu, se adoraba a Ea mediante rituales que sólo se realizaban en esa zona.

7. D. El concepto de los "Siete dioses que decretan" fue desarrollado por historiadores que estudiaban el panteón asirio. A los siete dioses se les otorgaron poderes, gobernando sobre todo lo demás. Muchos argumentan que esto no aplica porque algunas regiones tenían deidades diferentes, y los siete dioses no eran parte de ellas.

8. A. *Enuma Elish* suele considerarse un texto central de la mitología mesopotámica, aunque no incluye a todos los dioses y diosas. Puede utilizarse para comprender el panteón mesopotámico y su influencia.

9. D. Los historiadores no pueden rastrear el origen de todas las divinidades mesopotámicas por varias razones. Los mismos dioses desempeñaron diferentes papeles en distintas zonas, apareciendo varias veces en el árbol genealógico. Otros no tenían un origen claro, mientras que algunos sólo se mencionaban vagamente como

cónyuges de una deidad, pero no estaba claro de dónde procedían.

10. C. En todas las historias, Nanna y Ningal son los padres de Inanna. En diferentes historias, también tuvieron otros hijos, pero sus nombres variaron de una región a otra y de una época a otra durante la historia mesopotámica.

Verdadero o falso

1. Verdadero. La *Epopeya de Gilgamesh* es una de las primeras obras conocidas de ficción literaria. Sin embargo, los historiadores sugieren que podrían haberse escrito muchas más historias similares antes que esta obra, pero que no han sobrevivido hasta la era moderna.

2. Verdadero. En la historia *Inanna y el dios de la sabiduría*, Ea es la sabiduría que da a Inanna el *meh* (la esencia divina que da a la humanidad). Ea suele mostrarse como un dios amable y bondadoso que siempre quiere ayudar a la gente.

3. Falso. Los mesopotámicos creían que las personas habían sido creadas para servir a los dioses. Por esa misma razón, construían templos para las deidades, les ofrecían comida y sacrificios y escribían canciones e historias sobre sus poderes divinos.

4. Falso. Las historias de destrucción por parte de los dioses son comunes en la historia mesopotámica porque los mesopotámicos creían que nunca podrían servir a sus deidades lo suficientemente bien. Un error podía bastar para enfadar a un dios o una diosa, y éstos destruirían todo lo que se interpusiera en su camino.

5. Verdadero. Los mesopotámicos creían que los dioses les castigarían incluso en la otra vida, que se llamaba "la tierra sin retorno". Se describía como un lugar oscuro y hostil en el que los dioses castigaban a la gente dejando que se consumieran por la culpa de todos los errores que habían cometido y de las personas que habían dejado atrás.

6. Falso. En sus inicios, los sumerios no tenían ningún concepto de dios. Sólo cuando empezaron a relacionarse con los semitas empezaron a desarrollar la idea de un dios. Hasta entonces, creían que todo en el mundo tenía un espíritu o esencia.

7. Verdadero. Los dioses y diosas mesopotámicos gobernaban cosas y acontecimientos con los que la gente interactuaba a diario. Por

ejemplo, crearon dioses para el agua, las tormentas, el sol, la luna, los enemigos, etc.

8. Falso. Las deidades mesopotámicas no aparecían a menudo. Podían ser bondadosas, pero sólo se las podía adorar desde lejos.

9. Verdadero. Los acontecimientos políticos y sociales configuraron la composición del panteón mesopotámico. Cuando los sumerios empezaron a desarrollar el concepto de dios, sólo había un puñado de deidades. Para cuando el Imperio babilónico empezó a crecer en poder, el número de deidades aumentó a más de 3.000.

10. Verdadero. Con tantos dioses y diosas en su panteón, los babilonios empezaron a clasificar a sus deidades principales en un orden numérico jerárquico a principios del segundo milenio antes de Cristo.

Cuentos épicos: historias de la antigua Mesopotamia

La Epopeya de Gilgamesh es probablemente la historia más famosa del mundo, dada su antigüedad y sus héroes (todos ellos personajes importantes de la mitología mesopotámica). La epopeya narra la historia de Gilgamesh, el hijo del rey de Uruk, en su viaje por la tierra y sus numerosas dificultades y triunfos. Entre ellos, la derrota de su señor Akka y del Toro del Cielo enviado por la diosa Inanna después de que Gilgamesh rechazara su amor. Al héroe le acompañan su fiel compañero Enkidu y su propia fuerza, de la que no es consciente. Durante su viaje, aprende sus fortalezas y debilidades y encuentra la paz, incluso después de enterarse de que no se le concederá la inmortalidad como a otros héroes.

El descenso de Inanna es la historia del rescate de la diosa Inanna del inframundo. Inanna va al inframundo a visitar a su hermana, Ereshkigal, la reina del inframundo. Ereshkigal no se alegra de verla, la despoja de sus ropas y otras posesiones, y más tarde la mata. Enki, el padre de Inanna, envía dos criaturas para rescatarla, y ella es revivida con el alimento y el agua de la vida. Esta historia habla del renacimiento, pero también de la importancia de desprenderse de las posesiones. Puede dar miedo, pero es liberador, y una vez libre, se puede convertir en una nueva versión de uno mismo.

Rellene el espacio en blanco

1. La diosa mesopotámica del amor y la guerra se llama <u>Ishtar</u>.

2. El dios babilónico de la muerte y la enfermedad se llama <u>Irra</u>.

3. Los sumerios también tenían otra diosa del amor. Se llama <u>Inanna</u>.

4. <u>Abgal</u> es uno de los siete sabios representados a menudo portando un cubo y un cono de incienso para la purificación.

5. El dios mesopotámico del agua dulce y fresca es <u>Absu</u>. Fue asesinado por su hijo <u>Ea</u>.

6. Los babilonios ofrecían su gratitud a <u>Arazu</u> cuando se terminaba una construcción.

7. La "Señora de los Animales" sumeria, <u>Baba</u>, era una diosa madre local.

8. El dios babilónico del grano y la fertilidad, <u>Dagón</u>, era adorado cerca de la sección media del Éufrates.

9. Como madre del héroe convertido en dios Marduk, <u>Damkina</u> también tenía un papel importante en el panteón babilónico.

10. El dios babilónico de la sabiduría se llama <u>Ea</u> o <u>Enki</u>.

Preguntas sobre las imágenes

1. Es Ea, el dios del agua - Se le representa con la copa que utiliza para dejar fluir el agua. En el Imperio sumerio, Ea era conocido como Enki.

2. Es un adorador varón que probablemente ha participado en ceremonias religiosas. Además de los sacerdotes, a otros fieles también se les asignaban funciones importantes y se convertían en miembros respetados de la comunidad en función de su capacidad para ayudar en los rituales religiosos.

3. Se trata de Anzu, la criatura que escupe fuego y que aparece en muchos cuentos de los imperios sumerio, acadio y babilónico. En uno de ellos, el cuento *El árbol de Huluppu*, Anzu infesta el árbol de Inanna. En otro relato, roba las tablas del destino después de que se le encargara vigilarlas.

4. Ashur es el dios supremo asirio y una deidad local relacionada con la ciudad de Assur. En la mitología asiria, también se le conoce como el Señor de todos los cielos, y su nombre significa "todo el cielo".

5. El dios serpiente/pez es Basmu, regente del nacimiento. También colabora con las diosas del nacimiento en algunos de sus cuentos.

6. El Toro del cielo, o Gugalanna, estaba asociado con la reina del inframundo, Ereshkigal. Sin embargo, su amo era Anu, el dios del cielo.

7. El matrimonio de Dumuzi e Inanna. Dumuzi es el patrón de los pastores y de la fertilidad. Cuando Inanna es asesinada y enviada al inframundo, Dumuzi ocupa su lugar y permanece en el inframundo en su lugar.

8. El dios sumerio del aire, Enlil, también era conocido como el Señor del aire y del viento y el poseedor de las tablas del destino. Según algunos registros, Enlil era el soberano del panteón sumerio.

9. Esta es la diosa Gula, o Bau. A menudo se la representaba como un perro y era la patrona de la curación y de los médicos.

10. El rey babilónico de los dioses, Marduk, no sólo era una deidad, sino un gran héroe. Derrotó a Tiamat y a sus fuerzas del caos.

Emparejar al Dios con su dominio

1. Anu -Cielo.

2. Ereshkigal - Inframundo.

3. Geshtianna - Fertilidad.

4. Damu - Curación.

5. Zababa - Guerra.

6. Nusku – Fuego y luz.

7. Nergal - Muerte.

8. Haya -Grano.

9. Asalluhi - Magia.

10. Papsukkal - Guardián de la puerta.

Capítulo 3: Ríos de vida: Tigris y el Éufrates

Debido a su ubicación, los ríos Tigris y Éufrates fueron capaces de proporcionar la línea de vida perfecta para la cuna de la civilización. Aunque la Revolución Agrícola comenzó mucho antes de que se fundara el primer imperio mesopotámico, este lugar único entre los ríos gemelos llevó el desarrollo de la revolución a otro nivel.

En este capítulo conocerá el papel de estos ríos en la configuración de la vida y la historia del pueblo mesopotámico.

Preguntas de opción múltiple

1. ¿Qué río era conocido por sus crecidas más imprevisibles, cruciales para la agricultura mesopotámica?

   A. El Tigris

   B. El Éufrates

   C. Ambos ríos por igual

   D. Un tercer río

2. ¿Qué recursos encontraron los mesopotámicos en los ríos y cerca de ellos?

   A. Juncos

   B. Pescado

   C. Agua

   D. Todas las anteriores

3. ¿Con qué ruta comercial conectaban los pantanos?

    A. Egipcia

    B. Persa

    C. Macedonia

    D. Valle del Indo

4. ¿De qué otros recursos disponía la población de la Alta Mesopotamia?

    A. Montañas y bosques

    B. Rutas terrestres para otros recursos

    C. Metales

    D. Otra cosa

5. Gracias a los recursos hídricos, ¿a qué otro acontecimiento de la historia de las civilizaciones mesopotámicas condujo la Revolución Agrícola?

    A. Revolución urbana

    B. Revolución industrial

    C. Protestas y levantamientos violentos

    D. Ampliación del recorrido del agua

6. ¿Qué esfuerzos exigía vivir y trabajar en los humedales en retirada de la Baja Mesopotamia?

    A. Coordinación y trabajo físico

    B. Más tiempo dedicado a buscar agua

    C. Liquidaciones por mudanza

    D. No requirió ningún esfuerzo específico

7. Los ríos suelen desaguar en el mar. Con el Tigris y el Éufrates, esto fallaba a menudo, causando muchos problemas para los agricultores mesopotámicos. ¿Cuáles fueron las razones de ello?

    A. Falta de precipitaciones

    B. Se utilizó demasiada agua para el riego

    C. Inundación irregular

    D. Demasiada lluvia

8. ¿Cómo se llaman algunos de los humedales cercanos a los ríos de Mesopotamia?

    A. Deltas

    B. Estuarios

    C. Marismas

    D. Todas las anteriores

9. ¿Qué tipo de pantanos había en las zonas cercanas a los ríos Tigris y Éufrates?

    A. Permanentes

    B. Permanentes y estacionales

    C. Estacionales

    D. Mixtos

10. ¿Por qué fueron importantes las marismas para el desarrollo de las civilizaciones mesopotámicas?

    A. Se utilizaban para el riego

    B. Eliminaron la necesidad de riego

    C. Facilitaron el cultivo de cosechas sanas

    D. Recogieron las precipitaciones

Verdadero o falso

1. Los mesopotámicos construyeron extensos sistemas de canales para controlar las crecidas de los ríos e irrigar sus tierras.

- Verdadero
- Falso

2. Los cambios climáticos también desempeñaron un papel en el desarrollo de la civilización mesopotámica.

- Verdadero
- Falso

3. La civilización se desarrolló exactamente de la misma manera en toda la región.

- Verdadero
- Falso

4. A pesar de las manchas más secas, la zona de Mesopotamia seguía siendo más húmeda que el resto de Oriente Próximo.

- Verdadero
- Falso

5. Disponer de dos ríos para regar era una ventaja para los mesopotámicos durante todo el año.

- Verdadero
- Falso

6. Las primeras ciudades de Mesopotamia se desarrollaron en los bordes de los pantanos más grandes, cerca de los ríos gemelos.

- Verdadero
- Falso

7. El riego era necesario en todas las regiones.

- Verdadero
- Falso

8. En Sumeria, las aldeas evolucionaron hasta convertirse en ciudades antes del 4000 a. C.

- Verdadero
- Falso

9. Al principio, Mesopotamia era una tierra adecuada para vivir y cultivar, incluso sin irrigación.

- Verdadero
- Falso

10. Debido al desarrollo más lento de las zonas septentrionales, fueron superadas por las civilizaciones meridionales.

- Verdadero
- Falso

Rellene el espacio en blanco

1. El _____ es una antigua historia mesopotámica que incluye una gran inundación similar al relato bíblico del Arca de Noé.

2. La proximidad de los ríos y humedales facilitó la organización del riego _____ a pequeña escala y eliminó la necesidad de _____ agua desde lugares más lejanos.

3. Al principio, los agricultores mesopotámicos cultivaban principalmente _____ y _____. Más tarde, establecieron _____, donde también podían cultivar judías, guisantes, lentejas, pepinos, puerros, lechugas, ajos, uvas, manzanas, melones e higos.

4. A medida que avanzaba la Revolución Agrícola, los mesopotámicos también empezaron a criar vacas, ovejas y cabras por su _____ y _____.

5. Cada año, las crecidas de los ríos gemelos traían _____ a la tierra, dejando a los agricultores con una mezcla de ricos_____ y _____.

6. En los valles entre el Tigris y el Éufrates, el intenso _____ hacía aún más difícil la vida y la agricultura sin irrigación.

7. Los primeros mesopotámicos aprendieron a adaptarse a su _____, especialmente a los _____ disponibles que servían a su_____.

8. En la primera civilización no llovía durante _____ meses al año.

9. El desarrollo del regadío también condujo a un rápido desarrollo _____.

10. Para garantizar que los niveles de agua estuvieran siempre equilibrados en todas las tierras, los agricultores mesopotámicos solían _____ de un depósito a otro.

Preguntas sobre las imágenes

1. Identifique los ríos Tigris y Éufrates en este mapa.

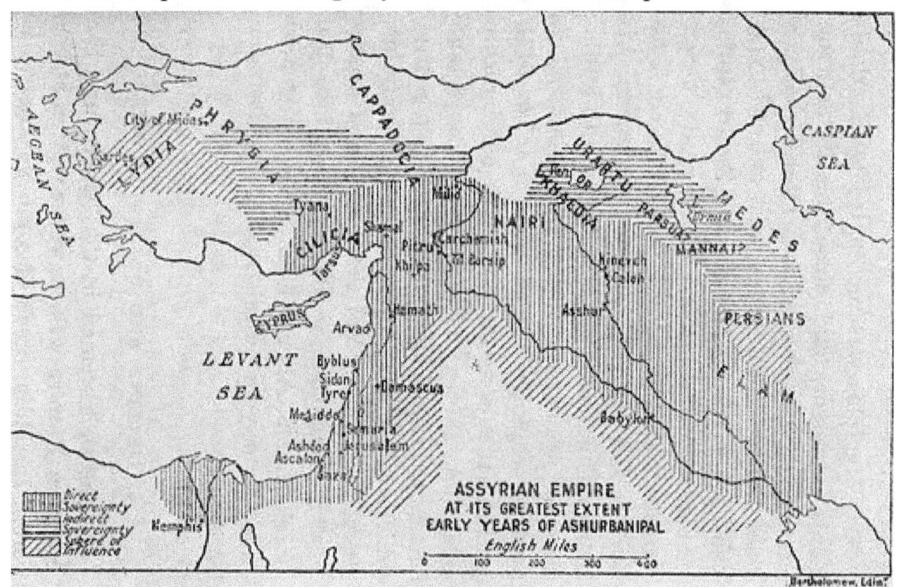

Imagen 21

Respuesta:

_____

_____

_____

2. Esta zona (que incluye Mesopotamia y los ríos Tigre y Éufrates) tiene un nombre único. ¿Conoce su nombre?

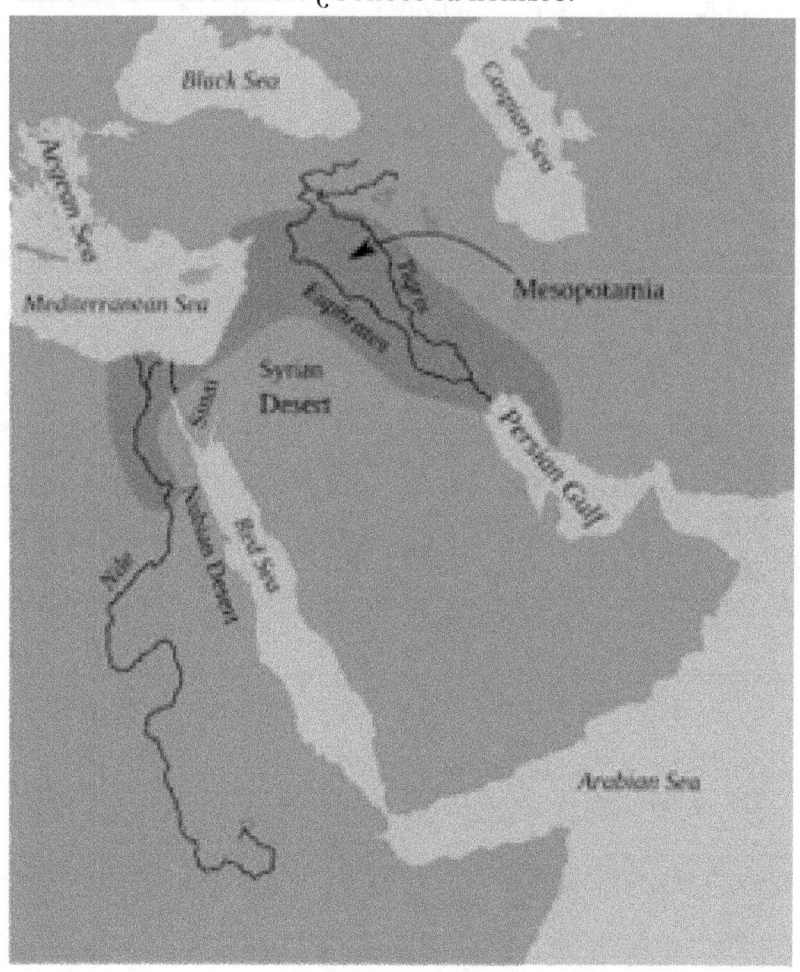

Imagen 22

Respuesta:

_____

_____

_____

3. Según las leyendas, el entierro del héroe épico obligó a desviar temporalmente el Éufrates. ¿Quién era?

Imagen 23

Respuesta:

4. Estas zonas eran comunes cerca de los ríos Tigris y Éufrates. ¿Sabe cómo se llaman?

Imagen 24

Respuesta:

_____

_____

_____

5. ¿Qué acontecimiento relacionado con el agua se representa en esta imagen?

Imagen 25

Respuesta:

_____

_____

_____

6. Además de la agricultura, las aguas de los dos ríos también se utilizaban para otra actividad importante. Observe el dibujo para adivinar de qué actividad se trataba.

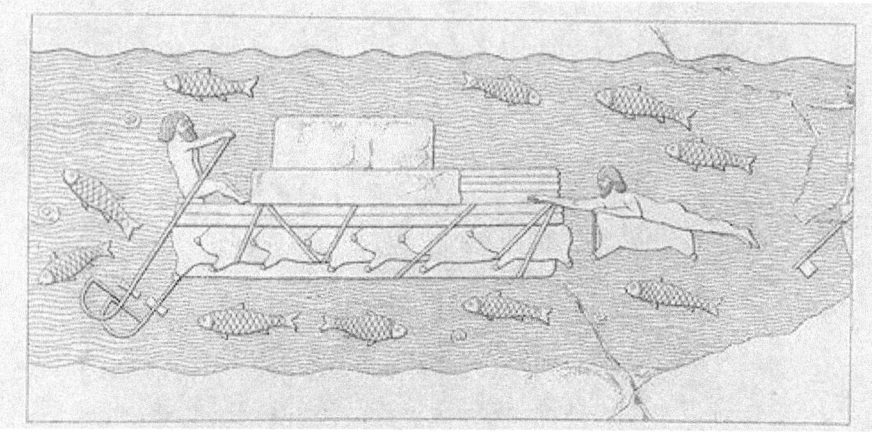

Imagen 26

Respuesta:

_____

_____

_____

7. Este lago es el lugar de origen del Tigris. ¿Cómo se llama?

Imagen 27

Respuesta: _____

8. ¿Qué otros hechos singulares se pueden descubrir a partir de esta imagen del Tigris y el Éufrates? Fíjese en la imagen para obtener una pista.

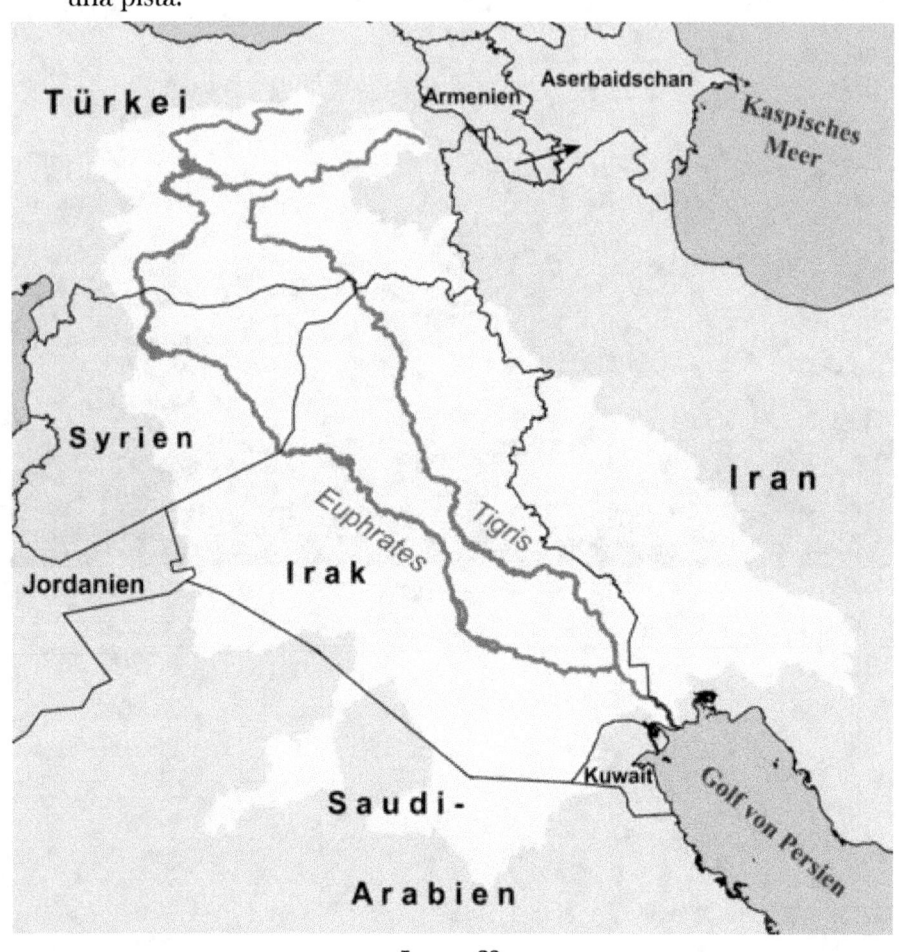

Imagen 28

Respuesta:

_____

_____

_____

9. En la orilla del Éufrates se encuentra la ciudad donde nació el héroe Atrahasis. ¿Qué ciudad era ésta?

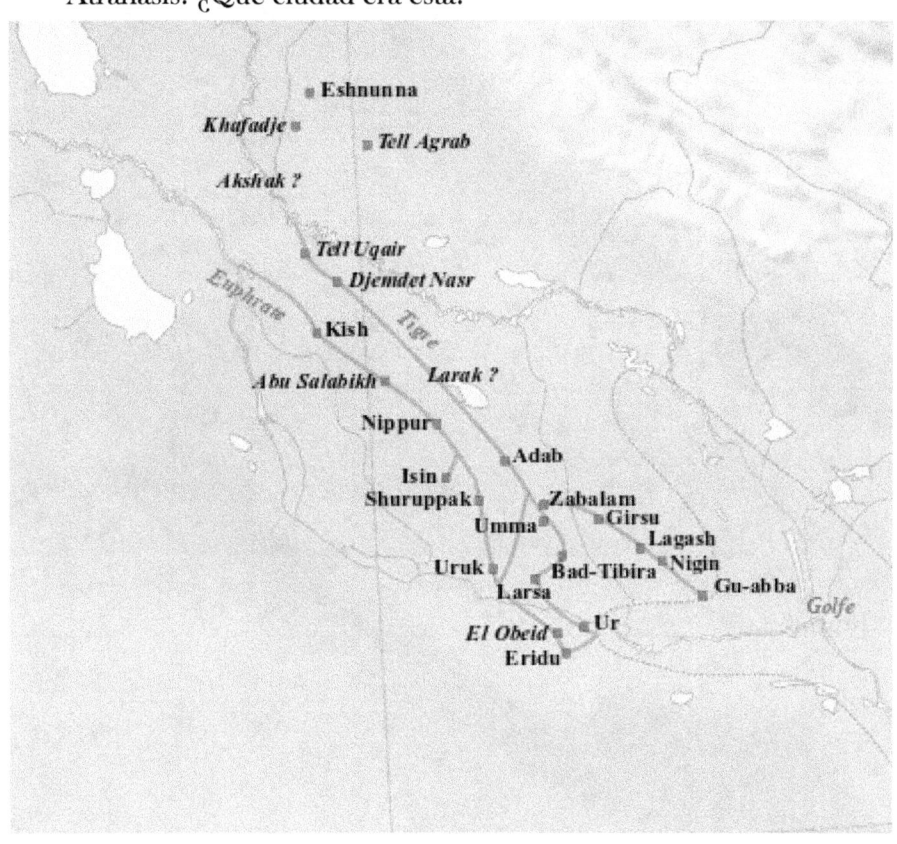

Imagen 29

Respuesta: _____

10. ¿A qué conexión apunta esta imagen?

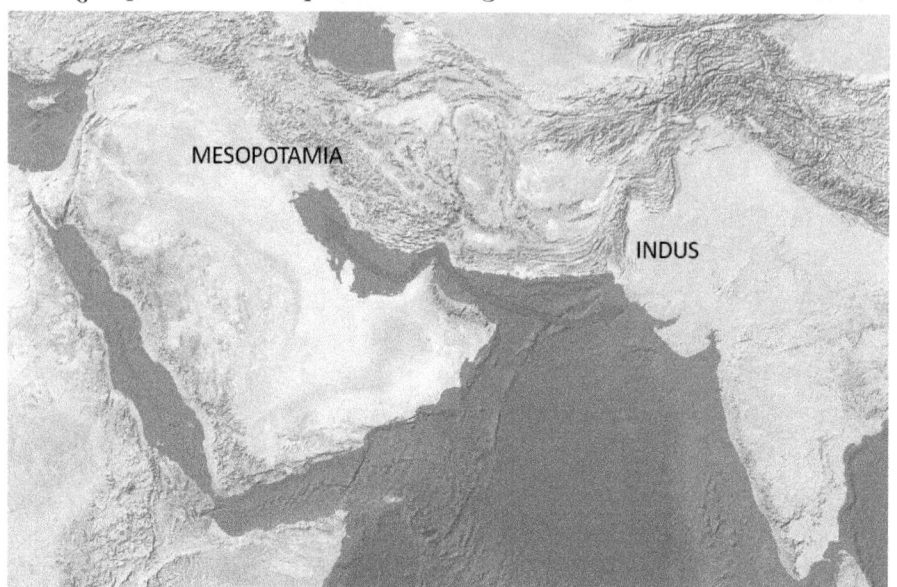

Imagen 30

Respuesta: _____

Respuesta corta

1. Explique cómo contribuyeron los ríos Tigris y Éufrates al éxito de la agricultura mesopotámica.

_____

_____

_____

2. ¿Qué países actuales se encuentran en la "tierra entre ríos" (Mesopotamia)?

_____

_____

_____

3. ¿Qué famosa ciudad mesopotámica fue de las primeras en tener 50.000 habitantes?

_____

_____

_____

4. ¿Cómo se relacionan las innovaciones mesopotámicas con la agricultura y los ríos gemelos?

_____

_____

_____

5. ¿En qué se diferenciaba la vida en la Alta Mesopotamia, donde la zona era seca y se volvió aún más seca?

_____

_____

_____

6. ¿Qué influyó en los niveles de agua de los ríos Tigris y Éufrates?

_____

_____

_____

7. ¿Hasta qué punto fueron perjudiciales las crecidas del río sin intervención?

_____

_____

_____

8. Además de conducir el agua a los campos, ¿qué función tenían los canales?

_____

_____

_____

9. ¿De qué otra forma se protegían los mesopotámicos a sí mismos y a sus bienes de las inundaciones?

_____

_____

_____

10. ¿Cómo contribuyeron la agricultura eficiente y el uso de los recursos hídricos al avance de la civilización mesopotámica?

_____

_____

_____

Clave de respuestas

Preguntas de opción múltiple

1. C. Tanto el Tigris como el Éufrates eran conocidos por sus crecidas imprevisibles, que fueron cruciales para mejorar la agricultura mesopotámica.

2. D. En los ríos y cerca de ellos, los mesopotámicos encontraron juncos para construir, peces para comer, agua para regar, beber y mucho más.

3. B. Los pantanos proporcionan conexiones con la ruta comercial persa. Conectaban con el Tigris y el Éufrates, que desembocan en el golfo Pérsico, abriendo oportunidades para los viajes de larga distancia.

4. A. y B. Los mesopotámicos de la parte alta tenían acceso a montañas y bosques, donde podían hacer leña y cazar animales para obtener alimentos, ropa y cobijo. También tenían acceso a rutas terrestres hacia zonas donde podían obtener recursos como la obsidiana, un tipo de roca que utilizaban a menudo para fabricar herramientas cortantes.

5. A. La Revolución Agrícola condujo a la revolución urbana. Cuantas más personas veían los beneficios de la agricultura cerca de los ríos, más se trasladaban a los asentamientos en los humedales. También se establecieron nuevos asentamientos cerca del Tigris y el Éufrates.

6. A. El retroceso de los humedales dejó en los asentamientos zonas que requerían más riego. Los agricultores se vieron obligados a trabajar más y a coordinar sus esfuerzos para obtener el agua necesaria para sus cultivos.

7. C. Las inundaciones irregulares sobresaturaron la tierra de agua. Como resultado, el agua no podía drenar hacia el mar y permanecía estancada en el suelo. Era necesario drenarla para poder cultivar.

8. D. Mesopotamia tiene muchas formas de humedales cerca del Tigris y el Éufrates. Entre ellos se incluyen deltas, estuarios y marismas.

9. B. El Tigris y el Éufrates estaban rodeados de marismas tanto permanentes como estacionales.

10. B. y C. Los humedales mesopotámicos se utilizaron como recurso hídrico para sustituir las precipitaciones. Facilitaban el cultivo de cosechas sanas sin irrigación.

Las líneas de vida gemelas: Tigris y Éufrates

El Tigris y el Éufrates son los dos ríos que riegan con agua y vida a lo que se conoció como la región mesopotámica. Son dos gemelos que brotan desde la zona que ahora pertenece al oeste de Siria y descienden hasta el golfo Pérsico. Entre ellos se extiende un valle donde nacieron las civilizaciones.

En sí, el valle y la vasta zona alrededor de los ríos son muy secos (como la mayor parte de Oriente Próximo). Sin embargo, el Tigris y el Éufrates no son ríos normales. Son temperamentales y a menudo inundan las zonas situadas entre ellos y a su alrededor.

Al darse cuenta de que las zonas inundadas podían utilizarse para la agricultura y la ganadería, los primeros colonos decidieron probar suerte y utilizar las propiedades de la zona en su beneficio. Lo consiguieron, gracias a una planificación magistral y a su capacidad de organización.

Afortunadamente, contaban con la ayuda de los ríos para el riego y de las montañas y bosques circundantes para obtener madera, cobijo y recursos alimentarios. Pronto, los pequeños asentamientos alrededor de los fértiles humedales cercanos a los ríos gemelos crecieron y se convirtieron en ciudades urbanas donde la mayoría de la gente se ganaba la vida con la agricultura.

Verdadero o falso

1. Verdadero. Debido a las extensas e impredecibles inundaciones, los mesopotámicos se vieron obligados a construir sistemas de canales para dirigir el agua a las tierras y garantizar un riego adecuado.

2. Verdadero. Además de las imprevisibles inundaciones, el clima mesopotámico también se volvió más seco. Esto significó menos pantanos naturales y más zonas secas que necesitaban ser irrigadas.

3. Falso. La civilización mesopotámica no se desarrolló de la misma manera en toda la región. Las sociedades urbanas se desarrollaron principalmente en las zonas de la Baja y Alta Mesopotamia, mientras que las demás regiones estaban escasamente pobladas.

4. Verdadero. Una de las principales razones por las que Mesopotamia se convirtió en la cuna de la civilización hace unos 7.000-6.000 años es porque se encontraba en una zona más

húmeda. No ocurrió en ningún otro lugar de Oriente Próximo porque todo era más seco, y la agricultura no podía prosperar en ningún otro sitio.

5. Falso. Los dos ríos eran muy impredecibles, lo que significaba que a veces causaban más perjuicios que beneficios. Por ejemplo, el Nilo en Egipto se desbordaba aproximadamente en la misma época cada año, lo que ponía a los egipcios en mejor situación a lo largo del año.

6. Verdadero. Las primeras ciudades del sur de Mesopotamia se fundaron en los bordes de un gran pantano que proporcionaba abundantes recursos naturales para la alimentación y la construcción.

7. Falso. Según los historiadores, en la Alta Mesopotamia, las precipitaciones eran lo suficientemente fiables como para que rara vez fuera necesario el riego. En la Baja Mesopotamia, las precipitaciones eran menos previsibles y el riego era necesario la mayor parte del tiempo.

8. Falso. Los pequeños asentamientos sumerios alrededor del río evolucionaron hasta convertirse en ciudades hacia el 3000 - 2500 a. C.

9. Falso. Llovía muy poco, lo que hacía casi imposible el cultivo sin irrigación. A pesar de las inundaciones irregulares, Mesopotamia era apta para vivir y cultivar incluso antes de que las marismas se retiraran. Llovía muy poco, lo que hacía casi imposible el cultivo sin irrigación.

10. Verdadero. El norte de Mesopotamia era montañoso y menos apto para la agricultura. Su crecimiento fue mucho más lento y el sur la superó hacia el 4000 a. C.

Rellene el espacio en blanco

1. El Atrahasis es un antiguo relato mesopotámico que incluye una gran inundación similar al relato bíblico del Arca de Noé.

2. La proximidad de los ríos y humedales facilitó la organización del riego local a pequeña escala y eliminó la necesidad de transportar agua desde lugares más lejanos.

3. Al principio, los agricultores mesopotámicos cultivaban principalmente trigo y cebada. Más tarde, establecieron huertos donde también podían cultivar judías, guisantes, lentejas, pepinos,

puerros, lechugas, ajos, uvas, manzanas, melones e higos.

4. A medida que avanzaba la Revolución Agrícola, los mesopotámicos también empezaron a criar vacas, ovejas y cabras por su <u>leche</u> y su <u>carne</u>.

5. Cada año, las crecidas de los ríos gemelos traían <u>limo</u> a la tierra, dejando a los agricultores con una mezcla de ricos <u>suelos húmedos</u> y <u>pequeñas rocas</u>.

6. En los valles entre el Tigris y el Éufrates, el intenso <u>sol</u> hacía aún más difícil la vida y la agricultura sin irrigación.

7. Los primeros mesopotámicos aprendieron a adaptarse a su <u>entorno</u>, especialmente a los <u>recursos hídricos</u> disponibles que servían a su <u>comunidad</u>.

8. En la primera civilización no llovía durante <u>ocho</u> meses al año.

9. El desarrollo del regadío también condujo a un rápido desarrollo <u>económico</u>.

10. Para garantizar que los niveles de agua estuvieran siempre equilibrados en todas las tierras, los agricultores mesopotámicos solían <u>pasar agua</u> de un depósito a otro.

Inundaciones y fábulas: Cuentos fluviales de Mesopotamia

Además de fuente de agua y peces, los ríos gemelos también eran terreno fértil para muchos mitos que circulaban por la cultura mesopotámica. Estos incluían historias sobre las inundaciones (similares a la historia del Gran Diluvio), las deidades que gobernaban los ríos y su movimiento, y mucho más.

Según una fábula, Enki (Ea), el dios del agua, advirtió a la gente de que otro dios causaría una inundación, lo que llevó a un héroe humano a salvar la situación. Según otra historia, Enki quería proteger los ríos y dijo a la gente que no debían hacer ruido cerca del agua. Una tercera historia habla de Enki dando agua y peces a los ríos para que pudieran alimentar a la gente.

En los ríos gemelos tenían lugar ceremonias religiosas en las que se pedía ayuda a dioses y diosas, actos culturales como celebraciones e incluso entierros. Algunas ciudades tenían deidades locales que custodiaban las aguas y las vidas de las personas a las que éstas sustentaban.

Preguntas sobre las imágenes

1. Verá que Babilonia aparece en la parte inferior del mapa. El Éufrates es el río que fluye a continuación, hacia arriba. Al otro lado del Éufrates está el Tigris.

2. La zona se denomina medialuna fértil por dos razones. Fue uno de los lugares donde la Revolución Agrícola pudo prosperar sin demasiadas limitaciones. Y lo que es más importante, la zona era fértil porque muchos inventos e innovaciones se originaron en ella.

3. Gilgamesh venció a muchas bestias (se le muestra derrotando a un león) y se convirtió en el héroe más antiguo de la ficción literaria. Según las leyendas, para proteger su tumba, se desvió el Éufrates, se cavó la fosa y, tras el entierro, se devolvió el río a su cauce.

4. Se llaman marismas o humedales. Se crearon por las frecuentes inundaciones, las fuertes lluvias y la acumulación de nieve derretida de las cercanas montañas persas y turcas.

5. Según la mitología mesopotámica, Ea (o Enki) daba agua a los ríos. La imagen muestra al dios con agua fluyendo de sus hombros hacia la orilla del río.

6. Los ríos también se utilizaban para transportar muchas mercancías, lo que permitía comerciar con otras naciones.

7. Este es el lago Hazer, situado cerca de Elazig, Turquía.

8. La imagen muestra que los dos ríos no sólo trabajan juntos para nutrir la región de Mesopotamia, sino que también se unen en un gran río. Tras unirse, desembocan rápidamente en el golfo Pérsico.

9. Se trata de la antigua ciudad sumeria de Shuruppak, de donde proceden algunas de las primeras obras literarias sumerias.

10. Las conexiones con las civilizaciones del valle del Indo (otro importante imperio de la época) fueron posibles gracias al comercio fluvial a través de los ríos Tigris y Éufrates y el golfo Pérsico.

Respuesta corta

1. Los ríos Tigris y Éufrates proporcionaron el entorno perfecto para la Revolución Agrícola en Mesopotamia. Ofrecían un recurso precioso, el agua, en un clima por lo demás seco en el que la agricultura no habría sido posible.

2. Los países que ahora se encuentran donde antes estaba Mesopotamia son Irak, Kuwait, Turquía y Siria.

---

3. Una de las primeras ciudades mesopotámicas en alcanzar una población de 50.000 habitantes (todas ellas dedicadas a la agricultura) fue Uruk.

4. Muchas de las innovaciones fueron el resultado de un intento de hacer más eficiente la agricultura (por ejemplo, algunas estaban relacionadas con la organización del riego o la cosecha).

5. En la Alta Mesopotamia (septentrional), la gente permanecía en pequeños asentamientos, viviendo en comunidades cercanas pero minúsculas y dependiendo unos de otros para ayudarse en el riego y la agricultura.

6. Los niveles de agua de los ríos Tigris y Éufrates dependían de la cantidad de precipitaciones en el este.

7. Las inundaciones fueron muy dañinas, a menudo cubrieron toda la tierra de cultivo, mataron animales y arrasaron las casas de la gente.

8. Alejaban el exceso de agua durante la inundación y protegían las casas y las propiedades de la gente.

9. Construyeron riberas en las orillas del Tigris y del Éufrates. Los bancos retenían el agua cuando los ríos amenazaban con desbordarse.

10. Con una agricultura y un uso de los recursos hídricos eficientes, se necesitaba menos gente en la industria y más gente podía dedicarse a otras cosas, como aprender nuevas habilidades e inventar algo nuevo, dos cosas que ayudaron a la civilización a crecer y avanzar.

Capítulo 4: Escribas y eruditos: la invención de la escritura

Hubo un tiempo en que a los mesopotámicos les resultaba más fácil registrar la información en imágenes. Sin embargo, a medida que su población crecía, había muy pocas personas que supieran interpretar estas imágenes.

Según algunos historiadores (no todos están de acuerdo sobre cuándo y cómo se inventó la escritura), la escritura cuneiforme se desarrolló como una forma de codificar el lenguaje hablado y de facilitar a todo el mundo la comprensión de la información escrita.

Independientemente de sus orígenes, la cuneiforme fue la primera forma oficial de escritura en la historia de la humanidad y un invento revolucionario que dio forma a las civilizaciones. Este capítulo examinará los inicios de la escritura cuneiforme y sus practicantes, los escribas y los eruditos.

Sumérjase en este fascinante mundo para ver cómo empezó la escritura y cómo era en la antigua Mesopotamia.

Preguntas de opción múltiple

1. ¿En qué material se escribía principalmente la escritura cuneiforme?

   A. Papiro

   B. Tablillas de arcilla

   C. Muros de piedra

   D. Piezas de madera

2. Las marcas cuneiformes se transformaron en registros fonéticos. ¿Qué significa esto?

   A. Las palabras se escribían basándose en los sonidos

   B. Las palabras se escribían basándose en letras

   C. Las letras se escribían basándose en sílabas

   D. Las letras se escribieron basándose en cómo sonarían individualmente

3. ¿Quién utilizó la escritura cuneiforme en Mesopotamia?

   A. Comerciantes y empresarios

   B. Sacerdotes

   C. Recaudadores

   D. Todas las anteriores

4. ¿Cuál fue la forma más antigua de escritura cuneiforme?

   A. Líneas simples

   B. Imágenes de los objetos

   C. Líneas conectadas

   D. Líneas combinadas con imágenes

5. ¿Qué utilizaban los escribas para hacer las marcas cuneiformes?

   A. Una herramienta metálica

   B. Estilete de caña

   C. Herramienta de obsidiana

   D. Plumas

6. Además del sumerio, ¿en cuántas lenguas se utilizó la escritura cuneiforme a lo largo de su historia?

   A. 5

   B. 15

   C. 10

   D. 25

7. ¿Los registros de qué imperio son los más completos (para proporcionar el orden cronológico adecuado de los acontecimientos de Mesopotamia)?

   A. Sumerio

   B. Babilonio

   C. Acadio

   D. Asirio

8. Uno de los registros cuneiformes más importantes de Mesopotamia gira en torno a un planeta del sistema solar. ¿De qué planeta se trata?

   A. Neptuno

   B. Saturno

   C. Venus

   D. Júpiter

9. Lo que diferenciaba a los escribas de los demás

   A. La capacidad de leer y escribir

   B. Años de educación

   C. Privilegios especiales en la sociedad

   D. Todas las anteriores

10. ¿Cómo se llamaba el edificio donde los escribas aprendían a leer y escribir?

    A. Casa de las tablas

    B. Casa del escriba

    C. Casa de aprendizaje

    D. Casa de la escritura

Verdadero o falso

1. La escritura cuneiforme mesopotámica sólo se utilizaba para textos religiosos.

   - Verdadero
   - Falso

2. Muchos textos sagrados de Mesopotamia se conservaron en cuneiforme.

   - Verdadero
   - Falso

3. Los gobernantes también utilizaban la escritura cuneiforme.

   - Verdadero
   - Falso

4. La escritura cuneiforme requería movimientos precisos.

   - Verdadero
   - Falso

5. La escritura cuneiforme podría haberse originado a partir de una antigua forma de técnica contable.

   - Verdadero
   - Falso

6. Los escribas hicieron marcas uniformes para que todos los que las aprendieran pudieran reconocerlas.

   - Verdadero
   - Falso

7. La *Epopeya de Gilgamesh* sólo se escribió en cuneiforme sumerio.

   - Verdadero
   - Falso

8. La escritura cuneiforme no podía utilizarse para crear imágenes complejas de mapas lacustres.

   - Verdadero
   - Falso

9. La alfabetización estaba muy extendida y todo el mundo sabía escribir cuneiforme.

- Verdadero
- Falso

10. Había tantas mujeres escribas como hombres escribas.

- Verdadero
- Falso

Rellene el espacio en blanco

1. El famoso gobernante mesopotámico, el rey _____, creó uno de los primeros códigos legales escrito en cuneiforme.

2. El término "cuneiforme" tiene su origen en la palabra latina *cuneus*, que significa _____.

3. La escritura da _____ a un signo, de forma similar a como los sacerdotes mesopotámicos interpretaban _____ _____ para ver el futuro.

4. La escritura cuneiforme era un sistema de escritura muy _____, y algunos textos sólo podían ser escritos e interpretados por _____.

5. Aunque fue creada hace más de 4000 años, la escritura cuneiforme no fue descifrada hasta _____.

6. La escritura cuneiforme apareció por primera vez en las ciudades sumerias con economías _____.

7. Los funcionarios del templo utilizaban la escritura cuneiforme para registrar la cantidad de _____ y el número de _____ que salían o entraban en sus almacenes.

8. Además de registros sencillos como listas, también había _____ envueltas en sobres de _____.

9. Los reyes asirios tenían _____ lleno de registros en escritura _____.

10. La obra literaria cuneiforme más larga es la _____ _____.

Preguntas sobre las imágenes

1. ¿Qué tipo de información podría contener esta tablilla cuneiforme?

Imagen 31

Respuesta:

_____

_____

_____

2. Esta tablilla contiene un mapa de una ciudad babilónica. ¿De qué ciudad se trata?

Imagen 32

Respuesta:

_____

_____

_____

3. Esta tablilla es diferente. ¿Por qué?

Imagen 33

Respuesta:

_____

_____

_____

4. La escritura primitiva (pictográfica) tenía este aspecto. Esta tablilla procede de una ciudad en la que los pictogramas pasaron a la verdadera escritura cuneiforme. ¿Puede adivinar de qué ciudad se trata?

Imagen 34

Respuesta:

_____

_____

_____

5. Esta tablilla está dedicada a la diosa que se convirtió en la patrona de la escritura y de los escribas. ¿Quién era?

Imagen 35

Respuesta:

_____

_____

_____

6. ¿Cuál era la función de esta figura?

Imagen 36

Respuesta: _____

7. Cuando terminaban la escuela, los jóvenes escribas recibían una tablilla con consejos de su antiguo maestro o textos como éste. ¿Puede adivinar qué aparece en esta tablilla?

Imagen 37

Respuesta: _____

8. Los reyes solían escribir leyes y otras declaraciones en tablillas cuneiformes. Sin embargo, esta tablilla contiene leyes reales diferentes. ¿De qué leyes podría tratarse?

Imagen 38

Respuesta:

_____

_____

_____

9. Esta figura representa a una de las pocas mujeres escribas famosas. ¿Quién era?

Imagen 39

Respuesta: _____

10. En este mapa se encuentra la ciudad donde se descubrieron más de 30.000 tablillas de arcilla del Imperio asirio. ¿Qué ciudad era?

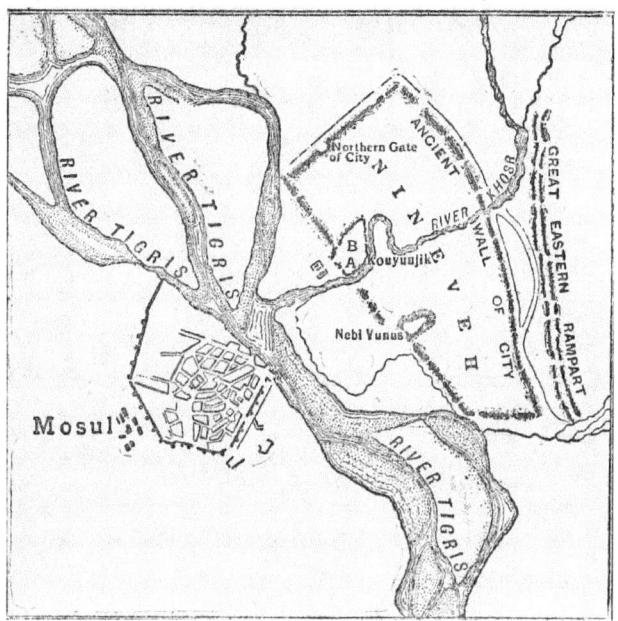

Imagen 40

Respuesta: _____

Respuesta corta

1. Describa cómo la invención de la escritura transformó la sociedad mesopotámica.

_____

_____

_____

2. ¿Por qué la escritura cuneiforme contribuyó a mejorar la agricultura y otras industrias?

_____

_____

_____

3. ¿Qué fue primero, las marcas simples o los símbolos que representan sonidos?

_____

_____

_____

4. ¿Quién ayudaba a los jóvenes escribas a aprender sus lecciones?

_____

_____

_____

5. ¿Cuáles eran los principales temas que debían aprender los jóvenes escribas?

_____

_____

_____

6. ¿Por qué son tan importantes las tablillas cuneiformes encontradas en las excavaciones arqueológicas (y las que quedan por encontrar)?

_____

_____

_____

7. ¿Por qué la escritura cuneiforme primitiva era tan diferente de las versiones posteriores?

_____

_____

_____

8. ¿Cuándo se hizo más compleja la escritura cuneiforme?

_____

_____

_____

9. Con la introducción de la escritura, incluso las funciones de algunas deidades cambiaron. ¿Por qué?

_____

_____

_____

10. ¿Cómo cambió el número de caracteres en cuneiforme?

_____

_____

_____

Clave de respuestas

Preguntas de opción múltiple

1. B. En los primeros tiempos, se escribía en tablillas de arcilla. Éstas facilitaban enormemente la creación y conservación del texto, por lo que eran perfectas para llevar un registro.

2. C. Cuando la escritura cuneiforme se convirtió en una escritura fonética, cada letra (símbolo) representaba una sílaba. Se tallaban basándose en los sonidos de las sílabas. De este modo, los sumerios podían grabar todo en su lengua sin que nada se perdiera en la traducción.

3. D. Los mercaderes utilizaban la escritura cuneiforme para anotar sus ventas y contratos. Los empresarios la utilizaban para anotar el salario que pagaban a sus trabajadores. Los recaudadores la utilizaban para anotar los impuestos, contribuciones y demás dinero que debían a los gobernantes. Los sacerdotes la utilizaban para registrar textos religiosos y otros acontecimientos importantes.

4. B. La forma más antigua de cuneiforme utilizada por los comerciantes y los funcionarios de los templos para registrar el movimiento de mercancías eran dibujos de objetos. Se conocen como pictogramas.

5. B. Los escribas tallaban los símbolos en forma de cuña en tablillas de arcilla con un estilete de caña cortada.

6. B. La escritura cuneiforme se utilizó durante más de 3000 años en todo el mundo. Durante este tiempo, se adoptó en 15 lenguas diferentes. Además del sumerio, el acadio, el asirio y el babilonio, éstas incluían el elamita, el persa antiguo, el hitita, el urartiano y el húngaro, entre otras.

7. D. Asirio. La mayor parte de lo que los historiadores aprendieron sobre la antigua Mesopotamia procede de los registros asirios (muchos de los cuales estaban escritos en cuneiforme).

8. C. Venus. Las observaciones de Venus fueron creadas durante el reinado del rey babilonio Ammisaduqa.

9. D. Saber leer y escribir por sí solo separaba a los escribas de los demás miembros de su comunidad. Tenían un estatus social importante; tardaban años en obtener el título de escriba.

10. A. El edificio donde los escribas aprendían a leer y escribir se llamaba Casa de las tablas (o Edubba en sumerio, que se traduce literalmente como "Casa de las tablas"). Era una forma primitiva de escuela a la que acudían los estudiantes mesopotámicos para recibir y aprender lecciones.

Cuneiforme: El primer sistema de escritura del mundo

La escritura cuneiforme, el primer sistema de escritura del mundo, se remonta al año 3000 a. C. La prueba más antigua del uso de la escritura cuneiforme fueron los registros de los templos sumerios, donde los administradores anotaban las cantidades de bienes almacenados.

Los primeros escritos eran simples dibujos de los elementos que había que registrar. Después, se agregaron signos en forma de cuña para representar sonidos. Entonces, la escritura podía representar la lengua sumeria.

Para simplificar aún más las representaciones en las tablillas, los trazos empezaron a transmitir conceptos por asociación en lugar del significado de las palabras que describen los conceptos. Por ejemplo, en lugar de describir a alguien como honorable, se escribía simplemente honor.

La escritura permitió a los mesopotámicos mostrar muchos conceptos nuevos, que eran difíciles de mostrar con imágenes y símbolos sencillos. Por ejemplo, ahora podían escribir sobre el miedo a la muerte (un temor común en la cultura mesopotámica), mientras que antes sólo podían imaginar la muerte y lo que pensaban que les esperaba después.

Verdadero o falso

1. Falso. Los mesopotámicos utilizaban la escritura cuneiforme para registrar todo en su lengua, no sólo los textos religiosos.

2. Verdadero. Muchos textos sagrados de Mesopotamia se conservaron en tablillas de arcilla, escritas en cuneiforme y transmitidas de generación en generación.

3. Verdadero. Los gobernantes utilizaban la escritura cuneiforme y no sólo para tener al día sus tareas y saldos. También escribían leyes que regían a las comunidades o a todo el imperio.

4. Verdadero. Para generar formas con la cuña con significados específicos, la escritura cuneiforme requería una mano firme y movimientos precisos.

5. Verdadero. Aunque no está del todo claro el origen de la escritura cuneiforme, algunos historiadores sugieren que podría ser el

siguiente paso en la evolución de técnicas contables anteriores.

6. Verdadero. Las marcas no sólo eran precisas, sino que tenían siempre el mismo aspecto, lo que facilitaba su reconocimiento y aprendizaje.

7. Falso. La *Epopeya de Gilgamesh* se tradujo muy pronto a otras lenguas. Esto quedó demostrado por el descubrimiento de tablillas con la historia en cuneiforme no sumeria. Algunas de ellas se encontraron en Hattusas (de los hititas), Emar (Siria) y Megiddo (Levante).

8. Falso. Se encontraron tablillas de arcilla con mapas de Mesopotamia, junto con escritura cuneiforme que indicaba lugares y direcciones en el mapa. El centro de este mapamundi era Babilonia.

9. Falso. En los primeros tiempos de la civilización mesopotámica, había muy pocas personas que supieran escribir. A estos se les llamaba escribas.

10. Falso. La mayoría de los escribas eran hombres porque los hombres tenían más derechos a la educación (en la vida en general). Las mujeres tenían que seguir reglas diferentes, y el aprendizaje rara vez era una de ellas.

Rellene el espacio en blanco

1. El famoso gobernante mesopotámico, el rey <u>Hammurabi</u>, creó uno de los primeros códigos legales escrito en cuneiforme.

2. El término "cuneiforme" tiene su origen en la palabra latina *cuneus*, que significa <u>"cuña"</u>.

3. La escritura da significado a un <u>signo</u>, de forma similar a como los sacerdotes mesopotámicos interpretaban <u>los signos divinos </u>para ver el futuro.

4. La escritura cuneiforme era un sistema de escritura muy <u>complejo</u> y algunos textos sólo podían ser escritos e interpretados por <u>escribas</u>.

5. Aunque fue creada hace más de 4000 años, la escritura cuneiforme no fue descifrada hasta el <u>siglo XIX de nuestra era</u>.

6. La escritura cuneiforme apareció por primera vez en las ciudades sumerias con economías <u>centralizadas</u>.

7. Los funcionarios del templo utilizaban la escritura cuneiforme para registrar la cantidad de <u>grano</u> y el número de <u>animales </u>que salían o

entraban en sus almacenes.

8. Además de registros sencillos como listas, también había <u>cartas</u> envueltas en sobres de <u>arcilla</u>.

9. Los reyes asirios tenían <u>bibliotecas</u> llenas de registros en escritura <u>cuneiforme</u>.

10. La obra literaria cuneiforme más larga es la *Epopeya de Gilgamesh*.

Preguntas sobre las imágenes

1. Esta tablilla contiene un himno a Marduk, el héroe-dios babilónico. Está fechada en torno al primer milenio a. C., en pleno apogeo del Imperio babilónico.

2. Es el mapa de Nippur hacia 1500 a. C.

3. La tablilla se utilizó para anotar información importante. Se utilizaba como "hoja de ejercicios" para los estudiantes. Los escribas pasaban muchas horas practicando los símbolos cuneiformes y utilizaban muchas tablillas de ejercicios como ésta. Es como la forma en que los niños pequeños practican la escritura en cuadernos de ejercicios en la actualidad.

4. Esta tablilla muestra una escena ritual, y en su día estuvo colgada a la entrada de un templo en Uruk. La ciudad de Uruk conserva algunas de las pruebas más importantes de cómo los mesopotámicos pasaron de los pictogramas a los fonogramas.

5. Era la diosa Nisaba. Antiguamente era la diosa de la agricultura, pero cuando se popularizó la escritura, se transformó en la diosa patrona de la escritura y de los escribas. En algunas fuentes también se la menciona como la escriba de los dioses.

6. Se trata de la estatua de un escriba sumerio. Estaba dedicada al dios Ningirsu. No era raro que los escribas dedicaran estatuas de sí mismos y de su profesión a dioses y diosas. Creían que eso les ayudaba a aprender, a practicar y a adquirir un estatus social más elevado.

7. La tablilla contiene una lista de sinónimos, algo que los jóvenes escribas podían utilizar al principio de su carrera. Cuantas más palabras fueran capaces de escribir, mejor.

8. Estas son las instrucciones para el Juego real de Ur. Este juego tiene casi 5000 años de antigüedad y sigue existiendo hoy en día. Las reglas fueron escritas por un astrónomo babilonio en el año 177 a.

C., pero el juego se inventó mucho antes, probablemente en algún momento de los primeros tiempos de la antigua Mesopotamia.

9. Era Enheduanna, la hija del famoso gobernante Sargón de Acad. Enheduanna tuvo la oportunidad de aprender a escribir y más tarde se convirtió en sacerdotisa y poetisa. Una de sus obras más importantes fueron los *Himnos a Inanna*.

10. La ciudad de Nínive, capital del Imperio neoasirio. Las tablillas pertenecieron probablemente a la colección del rey Ashurbanipal, que gobernó del 669 a. C. al 631 a. C.

De la arcilla al papiro: materiales de escritura de la antigüedad

En los primeros tiempos, los sumerios sólo escribían en tablillas de arcilla moldeadas a partir de arcilla húmeda encontrada en la orilla del río. Utilizaban un estilete de caña o de palo para tallar los símbolos en la arcilla húmeda y dejaban la tablilla al sol para que se secara.

Las tablillas variaban en tamaño y el texto variaba en longitud. A veces, se necesitaban hasta 12 tablillas si el texto era especialmente largo.

Más tarde, los escribas mesopotámicos también empezaron a escribir en objetos de metal, marfil y vidrio, así como en cerámica. Estos objetos solían contener textos más formales, como instrucciones para ceremonias religiosas o cartas a los reyes. Para escribir en estos materiales, los escribas necesitaban herramientas más duras y afiladas hechas de marfil, hueso o hierro.

El papiro se inventó en el antiguo Egipto alrededor del año 3000 a. C., pero no llegó a Mesopotamia hasta mucho más tarde. Cuando estuvo disponible, los mesopotámicos empezaron a utilizarlo como superficie de escritura, ya que permitía guardar cómodamente mucha más información y era más fácil de almacenar.

Para escribir sobre papiro, tenían que utilizar pinceles delicados porque cualquier otro instrumento de escritura dañaría la delicada superficie.

Respuesta corta

1. La escritura cuneiforme tenía muchos usos, todos los cuales contribuyeron al crecimiento de la sociedad. Los contratos se hicieron más fiables (y más gente quiso hacerlos), se conservaron las tradiciones culturales y nacieron las leyes.

2. A medida que crecía el número de personas en los asentamientos, también lo hacía el número de transacciones y lugares de

intercambio de mercancías. Rastrear a dónde iba cada cosa se hizo muy difícil, hasta que se introdujo la escritura cuneiforme.

3. Primero se crearon las marcas simples y después se ajustaron los signos y símbolos para representar los sonidos de una lengua hablada.

4. A cada alumno se le asignaba un alumno mayor para ayudarle con las lecciones. A estos alumnos mayores se les llamaba hermanos mayores, que también castigaban a los alumnos que no aprendían las lecciones.

5. Las matemáticas y la escritura cuneiforme en general eran las dos materias más importantes en las escuelas de escribas mesopotámicas. Los alumnos no sólo aprendían la escritura cuneiforme sumeria, sino también acadia.

6. Las tablillas de arcilla con escritura cuneiforme forman parte de un patrimonio ancestral. Son vestigios de una civilización que dio forma a las que vinieron después y a las que están por venir.

7. La versión primitiva de la escritura cuneiforme contiene imágenes con un significado preciso y directo. Se utilizaban durante el comercio a larga distancia, donde era muy importante mostrar lo que se estaba registrando lo más rápidamente posible.

8. La escritura cuneiforme se hizo más compleja durante el Periodo Dinástico Temprano, entre 2900 a. C. y 2330 a. C.

9. Más personas querían aprender a escribir, pero no siempre disponían de los medios para la educación. A veces, necesitaban un poco de ayuda, por lo que "tomaban prestados" poderes de una deidad que tenía un papel diferente.

10. A pesar de introducir nuevos significados y sonidos, el número de caracteres cuneiformes se redujo de 1.000 a 600.

Capítulo 5: Auge y caída de los imperios: reinos y gobernantes mesopotámicos

Como muchos otros imperios, los reinos mesopotámicos también vieron surgir y caer a muchos gobernantes. Algunos eran más queridos, otros no tanto, pero aun así llevaron a su imperio al triunfo.

Desde Sargón de Acad hasta Ashurbanipal, Mesopotamia tuvo muchos reyes fuertes. Este capítulo habla de sus esfuerzos y su gobierno y de los acontecimientos más significativos a lo largo de la historia de cada imperio y dinastía.

Es posible que haya oído hablar de algunos reyes (por ejemplo, Gilgamesh), pero otros pueden ser menos conocidos. Asegúrese de leer atentamente las preguntas para aprender lo máximo posible sobre el auge y la caída de los imperios y gobernantes mesopotámicos.

Preguntas de opción múltiple

1. ¿Quién fue el gobernante famoso por crear el primer imperio en Mesopotamia?

    A. Nabucodonosor II

    B. Sargón de Acad

    C. Gilgamesh

    D. Hammurabi

2. Además de ser un héroe famoso (conocido por su propia Epopeya), Gilgamesh fue...

    A. Rey

    B. Gobernante de una ciudad-estado

    C. Sacerdote

    D. Dios

3. ¿Quién fue el sexto rey de Babilonia y el fundador del Imperio babilónico?

    A. Nabucodonosor

    B. Nabopolasar

    C. Hammurabi

    D. Naram-Sin

4. ¿Qué gobernante se alió con los medos para conquistar la ciudad de Nínive y derrocar al Imperio asirio?

    A. Hammurabi

    B. Nabopolasar

    C. Nabucodonosor

    D. Ashurbanipal

5. ¿Quién fundó el primer Imperio asirio?

    A. Tiglat-Pileser III

    B. Senaquerib

    C. Ashurbanipal

    D. Shamshi-Adad I

6. ¿Qué gobernante persa es conocido por invadir Grecia?

    A. Jerjes I

    B. Ciro el Grande

    C. Darío II

    D. Darío I

7. Más tarde, el rey compartió sus responsabilidades de gobierno con otra persona muy importante. ¿Quién era esta persona?

    A. El administrador jefe

    B. El sumo sacerdote

    C. El gobernante de las ciudades-estado

    D. La reina

8. ¿Qué fue lo que más contribuyó a las guerras en la antigüedad?

    A. Religión

    B. Comercio

    C. Recursos

    D. Clima

9. ¿Cuántas ciudades-estado había en el primer Imperio acadio?

    A. 55

    B. 45

    C. 65

    D. 75

10. ¿Quién provocó la sorprendente caída del Imperio acadio?

    A. Los líderes de la última rebelión

    B. Gobierno inadecuado

    C. Conflicto entre el rey y el sumo sacerdote

    D. Los gutianos

Verdadero o falso

1. El Código de Hammurabi es uno de los escritos más antiguos y traducidos del mundo.

- Verdadero
- Falso

2. El Imperio acadio alcanzó su apogeo durante el reinado de Sargón el Grande.

- Verdadero
- Falso

3. El norte y el sur de Mesopotamia estuvieron unidos durante varios milenios antes de Cristo.

- Verdadero
- Falso

4. A pesar de sus esfuerzos por hacer del Imperio asirio un país poderoso y rico culturalmente, Asurbanipal no tuvo éxito.

- Verdadero
- Falso

5. Ciro el Grande gobernó el Imperio persa en su apogeo.

- Verdadero
- Falso

6. El ejército persa sufrió pérdidas en ambas guerras persas.

- Verdadero
- Falso

7. Más tarde se permitió a los judíos exiliados regresar a Jerusalén.

- Verdadero
- Falso

8. La realeza en Mesopotamia existía antes del surgimiento del primer imperio del mundo.

- Verdadero
- Falso

9. Antes del Imperio acadio, las ciudades-estado estaban bajo el dominio del rey principal.

- Verdadero
- Falso

10. Las ciudades-estado conquistadas estaban satisfechas con el gobierno acadio.

- Verdadero
- Falso

Rellene el espacio en blanco

1. El Imperio asirio era conocido por su poderoso ejército y sus excelentes habilidades _____.

2. Gobernante del 2254 al 2218 a. C., Naram-Sin fue el _____ de Sargón y el primer gobernante mesopotámico que se proclamó _____.

3. Tras conquistarlos, Nabucodonosor II envió al exilio a los _____.

4. El rey Senaquerib conquistó _____ y reconstruyó la ciudad de _____, convirtiéndola en una de las ciudades más impresionantes de la historia antigua.

5. El último rey verdaderamente poderoso del Imperio asirio fue _____.

6. Sargón el Grande afirmaba que su éxito militar se debía a la guía que recibía de la diosa _____.

7. Uno de los inventos menos conocidos originario de Mesopotamia es el concepto de _____.

8. La estructura del gobierno mesopotámico _____ con el auge y la caída de los sucesivos _____.

9. A medida que el dominio mesopotámico se extendía, se hizo imposible que un gobernante rigiera tanto las tareas _____ como las _____.

10. La primera guerra de Mesopotamia (y posiblemente de la historia) tuvo lugar durante la Segunda Dinastía Temprana II, cuando _____ de Kish conquistó _____ en el 2700 a. C.

Preguntas sobre las imágenes

1. ¿Qué imperio mesopotámico construyó esta emblemática estructura?

Imagen 41

Respuesta:

_____

_____

_____

2. En representaciones asirias como ésta, se podía determinar fácilmente el estatus de una persona. ¿Puede adivinar cuál era el estatus de la persona representada aquí?

Imagen 42

Respuesta:

_____

_____

_____

3. La lista de esta losa de arcilla contiene los nombres de todas las ciudades y asentamientos sumerios y de sus gobernantes. ¿Sabe cómo se llama esta lista?

Imagen 43

Respuesta:

_____

_____

_____

4. Esta tablilla habla del primer gobernante tras el mítico diluvio universal. ¿Cómo se llamaba el gobernante?

Imagen 44

Respuesta:

_____

_____

_____

5. Una de las ciudades-estado de este mapa era considerada la ciudad más antigua del mundo por los sumerios. ¿De qué ciudad se trataba?

Imagen 45

Respuesta:

_____

_____

_____

6. Este mapa muestra las principales ciudades de la Baja Mesopotamia durante la época en que los asentamientos sumerios fundados durante el periodo de Uruk se expandieron, obligando al rey a ceder parte de su poder. ¿Cuál era el nombre de este periodo?

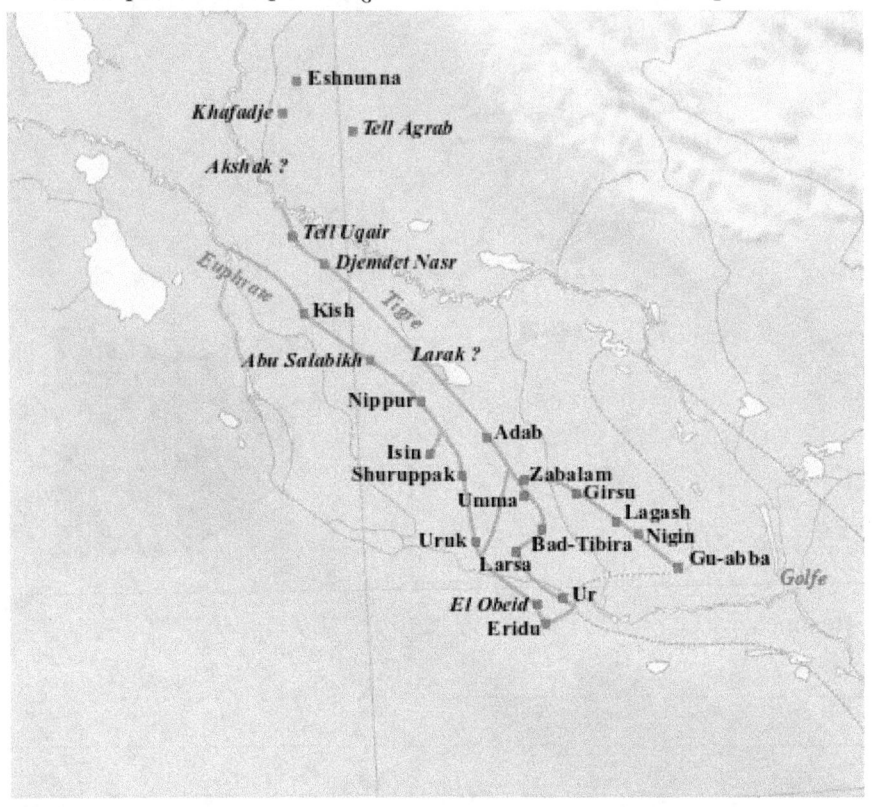

Imagen 46

Respuesta:

_____

_____

_____

7. El territorio vecino resaltado en el centro fue importante en la historia de la guerra mesopotámica. ¿Por qué?

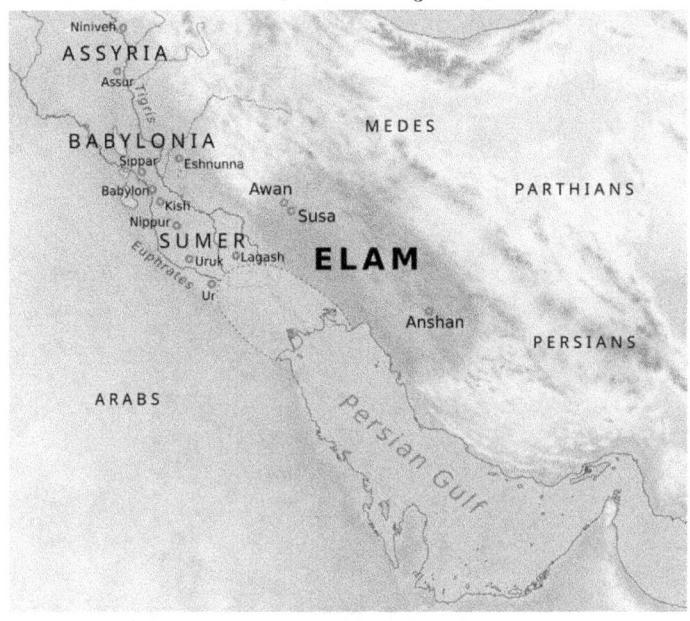

Imagen 47

Respuesta:

_____

_____

_____

8. Fue la única reina de la extensa lista de reyes sumerios. ¿Cómo se llamaba?

Imagen 48

Respuesta:

_____

_____

_____

9. La persona sentada en el trono en esta imagen era el patrón de la dinastía sumeria. ¿Quién era esta persona?

Imagen 49

Respuesta:

_____

_____

_____

10. A la derecha está la deidad que sustituyó a muchos de los antiguos dioses mesopotámicos. A la izquierda está el rey de uno de los últimos imperios. ¿Cuáles son sus nombres?

Imagen 50

Respuesta:

_____

_____

_____

Respuesta corta

1. ¿Cuáles fueron algunos de los principales logros del Imperio babilónico bajo Nabucodonosor II?

_____

_____

_____

2. ¿Qué gobernante realizó los mayores avances en el sistema político y militar mesopotámico?

_____

_____

_____

3. ¿Cómo salvó Ciro el Grande al imperio mesopotámico?

_____

_____

_____

4. ¿Cuál era el concepto principal en el que se basaba el primitivo gobierno mesopotámico?

_____

_____

_____

5. ¿Qué hizo Sargón de Acad inmediatamente después de conquistar las ciudades-estado sumerias?

_____

_____

_____

6. ¿Qué ventaja tenía Ur-Nammu sobre los anteriores gobernantes de Mesopotamia?

_____

_____

_____

7. ¿Qué aportaciones hizo Shulgi de Ur, hijo de Ur-Nammu, a la política y la sociedad mesopotámicas?

_____

_____

_____

8. Además de rey y fundador de códigos legales, ¿qué otros nombres o títulos le dieron a Hammurabi?

_____

_____

_____

9. ¿Cómo influyó el Código de Hammurabi en el estatus social de la gente?

_____

_____

_____

10. ¿Cómo cambió la religión durante la sucesión de los imperios?

_____

_____

_____

Clave de respuestas

Preguntas de opción múltiple

1. B. El primer imperio del mundo en Mesopotamia, el Imperio acadio, fue creado por Sargón de Acad (también conocido como Sargón el Grande). Gobernando entre los años 2334 y 2279 a. C., Sargón conquistó muchos asentamientos sumerios y los unió bajo su dominio.

2. A. Gilgamesh era el rey de Uruk. Como quinto rey de la ciudad, siempre mostró valor, lo que quizá inspiró los relatos sobre sus hazañas heroicas. En algunas fuentes, se le describe como un semidiós con fuerza sobrehumana (pero no como una verdadera deidad).

3. C. El sexto rey de la ciudad-estado de Babilonia fue Hammurabi, que también fundó el mundialmente famoso Imperio babilónico. Gobernó desde 1792 hasta 1752 a. C.

4. B. A mediados del siglo VII a. C., el rey Nabopolasar se alió con el gobierno enemigo de los medos para obtener ayuda en la conquista de la magnífica (y bien protegida) ciudad de Nínive. La caída de la ciudad de Nínive significó también el fin del Imperio asirio.

5. D. El primer Imperio asirio fue fundado por Shamshi-Adad I, que gobernó de 1813 a 1791 a. C. Fue un gran líder que poseía excelentes dotes para organizar a su ejército en el campo de batalla.

6. D. Darío I causó una gran impresión cuando invadió Grecia, aunque su ejército fue finalmente derrotado por los griegos.

7. B. Cuando el rey mesopotámico no pudo ocuparse tanto de los deberes civiles como de los religiosos, empezó a compartir su responsabilidad y su poder de gobierno con el sumo sacerdote.

8. B. En la antigüedad, el comercio provocó muchas guerras, sobre todo en Mesopotamia y sus alrededores, donde había pocos recursos y todos trataban de asegurarse la fuente de los preciados recursos.

9. C. En el primer Imperio acadio, Sargón unió 65 ciudades-estado diferentes.

10. D. La caída del gobierno acadio fue causada por los gutianos. Esto fue una sorpresa para los acadios, que, desde el gobierno de Sargón, creían que los dioses estaban siempre a su favor.

Verdadero o falso

1. Verdadero. El Código de Hammurabi no sólo es uno de los primeros códigos de leyes del mundo, sino también uno de los documentos más largos jamás traducidos de la escritura cuneiforme.

2. Falso. Aunque Sargón hizo mucho por fortalecer las ciudades-estado bajo su dominio, el imperio que fundó alcanzó su apogeo bajo otro rey, Naram-Sin.

3. Falso. Los Imperios del Norte y del Sur de Mesopotamia se unieron en el año 539 a. C. Hasta entonces existían por separado, aunque el Norte creció mucho más despacio, lo que acabó provocando su caída y asimilación al Sur.

4. Verdadero. Aunque Ashurbanipal amasó mucha riqueza y poder, el imperio entró en un brusco declive. El patrimonio cultural se perdió y las ciudades fueron destruidas lentamente.

5. Falso. Ciro el Grande estableció el Imperio persa, pero el imperio no alcanzó su apogeo hasta el reinado de Darío I.

6. Verdadero. En la primera guerra persa, los persas perdieron una batalla bajo el mando de Darío I. El rey Jerjes I regresó para conquistar Grecia, pero también fue derrotado y se vio obligado a regresar rápidamente a Persia.

7. Verdadero. Durante su gobierno, entre los años 580 y 530 a. C., el primer rey del Imperio persa, Ciro el Grande, permitió a los judíos regresar a sus hogares de Jerusalén.

8. Verdadero. La realeza en Mesopotamia existía al menos desde el Periodo Uruk (alrededor del 3600 a. C.). En cambio, el primer imperio se fundó más de un milenio después, hacia el 26300 a. C.

9. Falso. Antes de que se fundara el Imperio acadio, las ciudades-estado tenían gobernantes, pero no estaban bajo el control directo de una administración unificada como un rey.

10. Falso. Las ciudades-estado unidas bajo el Imperio acadio no estaban satisfechas con el gobierno. No era porque se opusieran a las reglas, sino porque eran tratados como territorio ocupado. Sus nuevos gobernantes no se preocupaban por ninguna de sus necesidades, sino que esperaban que aceptaran todo lo que les ordenaran.

Rellene el espacio en blanco

1. El Imperio asirio era conocido por su poderoso ejército y sus excelentes habilidades <u>bélicas</u>.

2. Gobernante del 2254 al 2218 a. C., Naram-Sin fue el <u>nieto</u> de Sargón y el primer gobernante mesopotámico que se proclamó <u>deidad</u>.

3. Tras conquistarlos, Nabucodonosor II envió al exilio a los <u>judíos</u>.

4. El rey Senaquerib conquistó <u>Babilonia</u> y reconstruyó la ciudad de <u>Nínive</u>, convirtiéndola en una de las ciudades más impresionantes de la historia antigua.

5. El último rey verdaderamente poderoso del Imperio asirio fue <u>Asurbanipal</u>.

6. Sargón el Grande afirmaba que su éxito militar se debía a la guía que recibía de la diosa <u>Inanna</u>.

7. Uno de los inventos menos conocidos originario de Mesopotamia es el concepto de <u>gobierno.</u>

8. La estructura del gobierno mesopotámico <u>cambió</u> con el auge y la caída de los sucesivos <u>imperios</u>.

9. A medida que el dominio mesopotámico se extendía, se hizo imposible que un gobernante rigiera tanto las tareas <u>civiles </u>como las <u>religiosas</u>.

10. La primera guerra de Mesopotamia (y posiblemente de la historia) tuvo lugar durante la Segunda Dinastía Temprana II, cuando <u>Enmebaragesi</u> de Kish conquistó <u>Elam </u>en el 2700 a. C.

Constructores del Imperio: grandes gobernantes de Mesopotamia

Sargón de Acad entró en la historia como el gobernante del primer imperio poderoso del mundo, pero fue mucho más que un simple gobernante. Según él mismo, Sargón tuvo un comienzo humilde en la vida, pero fue elegido por los dioses para convertirse en rey.

Uno de los principales hechos que aseguraron la victoria de Sargón a lo largo de todas sus conquistas (y conquistó muchas ciudades sumerias en su época) fue su aparente apoyo por parte de los dioses. Afirmaba que siempre hacía lo que los dioses le decían que hiciera: no gobernaba él mismo, sino que gobernaba según la voluntad de los dioses.

Hammurabi de Babilonia fue un rey diferente, y esto se demostró claramente en su popularidad. Introdujo conceptos jurídicos como la presunción de inocencia y la prueba, ambos nuevos (pero muy apreciados) por el pueblo. Por primera vez, la gente recibía un castigo acorde con su estatus social, y, lo que es aún más sorprendente, esto no incluía ningún privilegio.

Asurbanipal de Asiria fue el último rey que ejerció un poder significativo. Además del poder sobre la región y su pueblo, también se preocupó por dejar un legado basado en los antiguos valores culturales. Por desgracia, sólo una fracción de lo que dejó quedó para las generaciones futuras, ya que todo lo demás fue destruido durante el reinado del Imperio persa.

Preguntas sobre las imágenes

1. La Puerta de Ishtar fue construida alrededor del año 575 a. C. durante el gobierno de Nabucodonosor II, uno de los reyes más famosos de Babilonia. La puerta era la entrada principal a la ciudad de Babilonia y una de las ocho puertas que custodiaban la capital del imperio.

2. Era un funcionario de alto rango, que probablemente dependía directamente del rey. Esto se puede deducir por su tocado, que casi parecía una corona, lo que indica que era tan poderoso en la región como lo era el rey en el imperio.

3. La lista se denomina Lista de Reyes Sumerios. Además de los nombres de los gobernantes sumerios, también contiene información sobre los gobernantes de las regiones vecinas y la duración de todos sus reinados. Comienza con el primer rey después del diluvio, haciendo referencia al mito, que se basaba en una mezcla de mitología y sucesos reales ocurridos en torno a dos ríos impredecibles.

4. Se trataba de Enmebaragesi (también conocido como Mebaragsi), el rey de Kish. Sustituyó a los reyes de Eridu, que gobernaron antes del diluvio de 2900 a. C.

5. Según las creencias sumerias, Eridu fue fundada por Enki, el dios de la sabiduría, por lo que era la ciudad más antigua del mundo. El orden se estableció por primera vez en esta ciudad, y todas las demás ciudades debían seguir el ejemplo de este orden.

6. Las ciudades fundadas durante el periodo de Uruk comenzaron a expandirse a principios del periodo Dinástico Temprano I y continuaron hasta que su población creció demasiado como para ser gobernada por un solo gobernante.

7. Elam fue la parte derrotada en la primera guerra de la historia registrada. En el año 2700 a. C., emergiendo de los acontecimientos del gran diluvio, Enmebaragesi de Kish lanzó un ataque contra Elam y consiguió la victoria sobre el primer enemigo de la nación en el campo de batalla.

8. Era Kubaba de Kish, la esposa de Enmebaragesi. No está claro si entró en la lista por sus logros o por las hazañas de su marido. Aun así, su nombre en la lista como única reina fue un gran logro por sí solo.

9. Esta era la diosa de la luna Nanna, la patrona de Ur. Ur-Nammu construyó muchos lugares sagrados en honor a Nanna, incluido el gran zigurat del complejo de templos de Ur. Muchos de ellos tenían representaciones de la diosa en esta posición, sentada en el trono, sosteniendo el anillo y la vara (los indicadores de la realeza).

10. La imagen muestra a Ahura Mazda, la deidad principal del Imperio sasánida, otorgando la realeza a Ardashir I. El dominio sasánida duró del 224 al 651 d. C.

Respuesta corta

1. Nabucodonosor II fue quizá el gobernante más ambicioso de la civilización mesopotámica. Expandió el Imperio babilónico, añadiendo Jerusalén y Judá a sus territorios. También se cree que encargó la construcción de los jardines colgantes de Babilonia (aunque los jardines en cuestión nunca se encontraron).

2. Reinando del 745 al 727 a. C., Tiglat-Pileser III, el rey asirio, hizo muchos avances en el sistema político del imperio. También mejoró las tácticas militares, haciéndolas más eficaces para conquistar al adversario.

3. Después de que los medos conquistaran Babilonia, el gran imperio corrió el riesgo de desaparecer. Ciro el Grande derrotó a los medos y se hizo con el control de Babilonia, estableciendo el Imperio persa.

4. El concepto principal en el que se basaba el primitivo gobierno mesopotámico era similar al de un hogar normal de la región. El padre era el cabeza de familia y se esperaba que todos los demás obedecieran sus normas (el rey era el gobernante absoluto y todos los demás estaban bajo su mando).

5. Tras conquistar las ciudades-estado sumerias, Sargón estableció el cargo administrativo de Ciudadano de Akkad. Este cargo se otorgaba a funcionarios de confianza que eran enviados desde Akkad para convertirse en administradores, gobernadores, sacerdotes y sacerdotisas de las ciudades.

6. Ur-Nammu era visto como similar a los gobernantes anteriores, excepto que más justo, tal vez porque afirmaba ser un dios en lugar de un humano guiado por una deidad. Se le veía como una figura paterna que se preocupaba por su pueblo.

7. Shulgi de Ur animó a la gente a recibir una mejor educación. También mejoró las carreteras y construyó más jardines y posadas al borde de los caminos. Todo esto le hizo más popular entre los ciudadanos que aprobaban a un gobernante que demostraba que se preocupaba por la gente y no sólo por la tierra.

8. Durante su reinado, Hammurabi fue conocido como el constructor de la tierra, debido a sus esfuerzos por mejorar las infraestructuras de las ciudades mesopotámicas.

9. Además de regular los comportamientos inaceptables, el Código de Hammurabi también definía y consideraba el estatus social. Esto significaba que el estatus de las personas en la sociedad afectaba al trato que recibían ante la ley.

10. Cuando un imperio se convertía en otro diferente, esto iba acompañado también de cambios culturales y religiosos. Por ejemplo, en el Imperio asirio, el principal dios al que se rendía culto era Ashur. Mientras que durante el Imperio babilónico, la gente adoraba a Marduk.

Guerra y diplomacia: dinámica del poder en la antigua Mesopotamia

En los primeros tiempos, las únicas estrategias militares que interesaban a las ciudades-estado mesopotámicas eran las que les permitían dominar a otra ciudad-estado. El comercio con otras civilizaciones aún no había comenzado, pero cuando lo hizo, todo se complicó.

Mesopotamia tiene muchos tesoros, pero los recursos naturales no estaban entre ellos. El comercio y, lo que es más importante, la conquista de otros territorios les ayudó a asegurarse estos recursos. Esto no siempre salió como estaba previsto (o como el gobernante conquistador deseaba que saliera).

Uno de los mejores ejemplos de ello es el gobierno de Sargón el Grande, cuyos administradores tuvieron que sofocar muchas rebeliones después de que conquistara las ciudades-estado sumerias. Algunos reyes exiliaron a la gente de los territorios conquistados basándose en su religión.

La dinámica de poder entre los gobernantes civiles y religiosos también era interesante. Una vez que estas funciones dejaban de estar unidas, el rey compartía el poder con un líder religioso, pero éste debía ser nombrado por él.

Otros gobernantes son vistos como héroes bondadosos y valientes, deidades e incluso figuras paternas. Éstos fueron los que aprendieron de los errores anteriores. Mantenían buenas relaciones no sólo con su propio pueblo, sino también con las civilizaciones circundantes.

Luego llegaron los reyes que, una vez más, quisieron empezar a conquistar nuevos territorios. No tuvieron en cuenta las buenas conexiones, las perdieron y acabaron provocando la caída del último imperio mesopotámico.

Capítulo 6: La vida cotidiana en la antigua Mesopotamia

¿Sabía que los mesopotámicos vivían de forma muy similar a las civilizaciones modernas? Los niños iban a la escuela, la mayoría de los padres trabajaban, las familias se reunían para cenar y sus casas tenían muebles similares a los que encontraría en los hogares actuales.

Por supuesto, había diferencias en las clases sociales y en las normas sociales, pero como aprenderá en este capítulo, la vida cotidiana en Mesopotamia era muy colorida y agitada.

Preguntas de opción múltiple

1. ¿Cuál era el principal material utilizado para construir casas en la antigua Mesopotamia?

    A. Madera

    B. Piedra

    C. Ladrillo de barro

    D. Juncos

2. ¿A qué se dedicaban los mesopotámicos antes de que se popularizara la agricultura y comenzaran a crecer las ciudades?

    A. Pesca

    B. Caza y recolección

    C. Se desplazaban para encontrar alimentos y recursos

    D. Saqueaban a los pueblos vecinos

3. ¿Quién pertenecía a la clase media en la sociedad mesopotámica?

    A. Artesanos, comerciantes y funcionarios

    B. Escribas y agricultores

    C. Sacerdotisas y obreros

    D. Comerciantes y sacerdotes

4. ¿De qué estaba hecha la ropa mesopotámica?

    A. Tejidos

    B. Lana

    C. Piel de oveja

    D. Otros materiales naturales

5. ¿De qué dependía la vida cotidiana de cada persona?

    A. Su estatus social y ocupación

    B. Su lugar de nacimiento

    C. Dónde vivían

    D. Su conexión con el rey

6. ¿Por qué los reyes eran tan respetados y honrados en la vida y en la muerte?

    A. Así era.

    B. Causaron gran temor

    C. Eran vistos como mensajeros divinos

    D. Se creía que eran dioses

7. ¿Cuál era el papel de los sacerdotes y sacerdotisas menores?

    A. Transmisión de mensajes entre el pueblo y los sacerdotes y sacerdotisas superiores

    B. Supervisar los aspectos sagrados de la vida cotidiana en el complejo del templo

    C. Vivían al servicio de los reyes y de los altos dirigentes religiosos

    D. Elección de sacerdotes y sacerdotisas superiores

8. ¿Quiénes fueron los primeros médicos en la antigua Mesopotamia?

    A. Sacerdotisas

    B. Mujeres mayores regulares

    C. Hombres mayores y sabios

    D. Escribas

9. Había mercaderes en todas las clases sociales. ¿Cuál era la diferencia clave entre las vidas de los mercaderes de las distintas clases?

A. La cantidad de tiempo libre

B. El estatus social

C. El dinero que ganaban

D. Todas las anteriores

10. ¿Qué otros títulos tenían los maestros mesopotámicos?

A. Tutor

B. Escriba

C. Administrador

D. Sacerdote

Verdadero o falso

1. En la antigua Mesopotamia, las mujeres solían ser escribas y eruditas.

- Verdadero
- Falso

2. Cuando las ciudades empezaron a crecer, la gente ya no quería trabajar en la agricultura.

- Verdadero
- Falso

3. Los obreros y los agricultores tenían una vida más dura, pero el duro trabajo a menudo daba sus frutos.

- Verdadero
- Falso

4. Los esclavos estaban en lo más bajo de la sociedad mesopotámica.

- Verdadero
- Falso

5. El arte y la poesía eran una parte importante de la vida urbana en Mesopotamia.

- Verdadero
- Falso

6. Los hombres y las mujeres llevaban el pelo largo.

- Verdadero
- Falso

7. Todos tenían acceso a velas para alumbrarse.

- Verdadero
- Falso

8. Sólo los adultos podían ser esclavos en la antigua Mesopotamia.

- Verdadero
- Falso

9. Los fabricantes de perfumes podían ascender fácilmente de una clase baja a un nivel superior en la sociedad.

- Verdadero
- Falso

10. Durante el Imperio acadio, todos los mesopotámicos vivían bajo un gobierno y un imperio unificados.

- Verdadero
- Falso

Rellene el espacio en blanco

1. Los mesopotámicos utilizaban _____ como forma de moneda en sus transacciones comerciales y económicas.

2. Cuando las ciudades crecieron, más gente pudo conseguir _____ porque había muchos más tareas y _____ que hacer.

3. Las sociedades mesopotámicas estaban divididas en diferentes _____ de personas.

4. La cima de la jerarquía mesopotámica estaba ocupada por el _____.

5. El nivel superior de la sociedad mesopotámica estaba formado por los miembros ricos, como _____, _____ y _____ de alto nivel.

6. Los obreros y los agricultores pertenecían a la clase _____.

7. Además del trabajo, los habitantes de los pueblos y ciudades más grandes también encontraron la oportunidad de _____ _____.

8. Tanto las mujeres como los hombres se _____, especialmente en las clases altas.

9. Las casas más ricas tenían _____ para dejar entrar más _____ y _____ de aceite de sésamo para iluminación adicional.

10. Los antiguos mesopotámicos se _____ y _____ con ropa limpia para la cena.

Preguntas sobre las imágenes

1. Describa qué actividades podrían estar teniendo lugar en este mercado.

Imagen 51

Respuesta:

_____

_____

_____

2. ¿Qué parte importante de la vida social mesopotámica se muestra en esta imagen?

Imagen 52

Respuesta:

_____

_____

_____

3. ¿Cuál era la finalidad de este objeto en la vida cotidiana de la antigua Mesopotamia?

Imagen 53

Respuesta:

_____

_____

_____

4. ¿Qué acontecimiento social podría mostrarse en este relieve y quién participa en él?

Imagen 54

Respuesta:

_____

_____

_____

5. Esta tabla muestra a personas del Imperio neobabilónico. ¿Nota algo interesante en ellos?

Imagen 55

Respuesta:

_____

_____

_____

6. Este objeto aparecía a menudo en los hogares asirios ricos. ¿Conoce su finalidad?

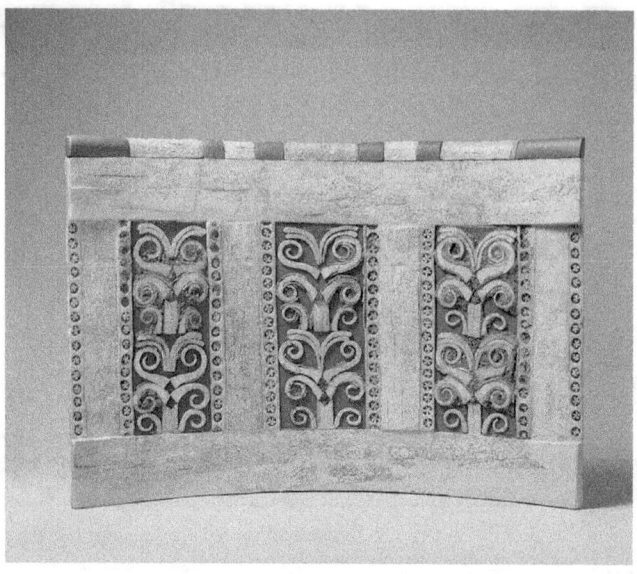

Imagen 56

Respuesta:

_____

_____

_____

7. Trabajadores como el de la derecha de la imagen eran esenciales para mantener la ciudad en funcionamiento. ¿Cuáles eran sus funciones?

Imagen 57

Respuesta:

_____

_____

_____

8. Esta reina sumeria es el ejemplo perfecto de cómo se podía ascender en el escalafón en la antigua Mesopotamia. ¿Quién era?

Imagen 58

Respuesta:

_____

_____

_____

9. Esta diosa tenía un juego de cuerda que llevaba su nombre en la antigua Mesopotamia. ¿Cómo se llamaba?

Imagen 59

Respuesta:

_____

_____

_____

10. Esta placa muestra a dos personas bebiendo en la antigua Mesopotamia. ¿Cuál cree que era su bebida preferida?

Imagen 60

Respuesta:

_____

_____

_____

Respuesta corta

1. ¿Qué tipo de trabajos tenían los mesopotámicos en las ciudades?

_____

_____

_____

2. ¿Por qué los mesopotámicos confiaban en el comercio para el progreso de sus sociedades?

_____

_____

_____

3. ¿Cómo contribuyeron los mesopotámicos a los avances en la agricultura?

_____

_____

_____

4. ¿Cómo eran los hogares mesopotámicos?

_____

_____

_____

5. ¿Qué hacían los antiguos mesopotámicos para divertirse?

_____

_____

_____

6. ¿Cómo era una comida típica en un hogar mesopotámico?

_____

_____

_____

7. ¿Qué tipo de muebles tenían los hogares mesopotámicos?

_____

_____

_____

8. ¿Con qué jugaban los niños?

_____

_____

_____

9. ¿Por qué era tan importante la escritura para los mesopotámicos?

_____

_____

_____

10. ¿Cómo se aseguraban las familias ricas de que sus hijos recibieran la mejor educación?

_____

_____

_____

Una casa en Mesopotamia: familia y vida cotidiana

La familia mesopotámica típica tenía un padre, una madre, hijos y, a veces, otros familiares. El padre era el cabeza de familia y todos, incluidos la madre y los hijos, debían obedecerle.

La mayoría de la gente empezaba sus días temprano, y las mujeres se levantaban primero para preparar el desayuno (en los hogares más ricos, éste era el trabajo de los esclavos). Por lo general, preparaban dos comidas al día, una antes de comenzar la jornada laboral (el desayuno) y otra una vez finalizada ésta (la cena).

Durante todo el día, las mujeres se ocupaban del hogar y la familia. Algunas mujeres trabajaban como taberneras, alfareras o tejedoras. Quienes trabajaban fuera de casa la mayor parte del día (tanto hombres como mujeres) se llevaban un trozo de pan como tentempié de mediodía.

Las familias más ricas enviaban a sus hijos a la escuela mientras las hijas aprendían a llevar la casa. En las familias pobres, tanto los hijos como las hijas trabajaban en la casa, ya fuera con la madre o con el padre.

En las familias más ricas, sólo trabajaba el padre. Al mediodía, iban a una taberna de la ciudad con sus amigos y tomaban una comida acompañada de un vaso de cerveza. Los pobres sólo iban a casa a cenar, cuando todos los miembros de la familia se reunían y se preparaban para pasar tiempo juntos.

A la hora de la cena, los niños llegaban a casa de la escuela, o habían terminado con sus quehaceres y quizás incluso jugaban un poco con sus amigos. Después de cenar, se sentaban con los padres y escuchaban sus historias o jugaban juntos o tocaban música.

Clave de respuestas

Preguntas de opción múltiple

1. C. En la antigua Mesopotamia, las casas solían construirse con ladrillos de barro. Este material era similar al que utilizaban para las tablillas de arcilla. Tras extraerlo de la orilla del río, moldeaban el barro en forma de ladrillo y lo secaban al aire (lo que se denomina cocer al sol). Las paredes de adobe mantenían las casas más calientes en invierno y más frescas en verano.

2. B. Antes de que la agricultura avanzara y las ciudades comenzaran a crecer, los mesopotámicos vivían en pequeños asentamientos, cazaban animales para alimentarse y vestirse y recolectaban verduras para obtener recursos alimenticios adicionales.

3. A. La clase media de la sociedad mesopotámica era la menos numerosa. Estaba formada por comerciantes, artesanos y funcionarios.

4. B. y C. Los mesopotámicos vestían ropas hechas de lana y piel de oveja. Las mujeres llevaban vestidos largos, mientras que los hombres vestían faldas tipo kilt. En épocas posteriores, colocaban accesorios metálicos en sus ropas o llevaban joyas hechas de metal.

5. A. La vida cotidiana de la mayoría de los mesopotámicos dependía de su ocupación y estatus social. Los de estatus inferior pasaban los días trabajando, mientras que los de los niveles superiores tenían más tiempo para actividades lúdicas, aprender, etc.

6. C. A partir de Sargón el Grande, todos los reyes mesopotámicos eran considerados mensajeros divinos. Según las leyendas, cuando la gente necesitaba algo, los reyes de ciudades, regiones o imperios podían pedírselo a los dioses y diosas, y lo recibían. La capacidad de un rey para conquistar territorios más extensos significaba que tenía una estrecha conexión con una divinidad.

7. B. Los sacerdotes y sacerdotisas menores tenían la tarea de supervisar los aspectos sagrados de la vida cotidiana en el complejo del templo. Esto incluía la lectura de signos y presagios y la organización y celebración de ceremonias y servicios.

8. A. Los primeros médicos mesopotámicos eran sacerdotisas que veían a los enfermos o heridos fuera de los templos. Veían e intentaban curar desde un dolor de muelas hasta huesos rotos. Aprendieron a utilizar hierbas medicinales, que resultaban útiles

cuando alguien necesitaba curación.

9. D. Aunque el estatus social era una diferencia importante, la cantidad de tiempo libre y el dinero que ganaban era aún más crucial para los comerciantes de las distintas clases sociales. Los que poseían tiendas ganaban más dinero y no necesitaban viajar, por lo que tenían suficiente dinero y tiempo para pasar horas bebiendo cerveza con sus amigos en la ciudad.

10. B. En la antigua Mesopotamia, todos los maestros de escuela eran escribas. Recibían la misma educación que impartían a sus jóvenes alumnos en las casas de tablas.

Verdadero o falso

1. Falso. La mayoría de los escribas y eruditos eran hombres. Las mujeres rara vez tenían la oportunidad de estudiar escritura. Las únicas excepciones eran las hijas de importantes administradores y reyes, muchas de las cuales se convirtieron en sacerdotisas y aprendieron a escribir.

2. Falso. Aunque algunas personas se trasladaron a trabajar a la ciudad, muchas de ellas seguían trabajando en los campos y las granjas. La próspera sociedad mesopotámica se basaba en la agricultura y la ganadería, y no habría podido crecer sin gente trabajando en el sector.

3. Verdadero. Los obreros y los campesinos tenían que trabajar duro, por lo que sus vidas también eran más difíciles. Sin embargo, su trabajo dio sus frutos y algunos incluso ascendieron en la escala social. Y lo que es más importante, su trabajo era esencial para el crecimiento de la sociedad mesopotámica.

4. Verdadero. Los esclavos eran los miembros más bajos de la sociedad mesopotámica. Todos los esclavos eran propiedad del rey, pero podían ser vendidos y comprados por cualquier miembro de la clase alta. La mayoría de los esclavos eran personas capturadas en batallas y conquistas de los territorios cercanos.

5. Verdadero. En las ciudades más grandes había muchos artistas, como poetas, narradores, alfareros y escultores. Colmaban a la gente con arte de temática religiosa o piezas en honor a los reyes pasados y presentes de Mesopotamia y de la propia ciudad.

6. Verdadero. Las mujeres mesopotámicas tenían el pelo largo y a menudo lo llevaban en complicadas trenzas. Los hombres también

llevaban el pelo largo y solían lucir también una barba completa.

7. Falso. Las clases bajas no podían permitirse tener velas para alumbrarse. Se acostaban a oscuras y a menudo también se levantaban a oscuras, ya que trabajaban más horas y tenían que madrugar.

8. Falso. Además de hombres y mujeres adultos, los niños también podían ser esclavos. Además, a los niños mayores se les asignaban a menudo las mismas tareas difíciles que a los adultos. Trabajaban en la construcción o en la creación de carreteras. Los esclavos cualificados (que a menudo eran prisioneros de guerra) trabajaban como ayudantes de contables, joyeros o maestros.

9. Verdadero. A los hombres y mujeres mesopotámicos les encantaba usar perfume. Se lo ponían en la ropa y en el cuerpo después de bañarse. La fabricación de perfumes no era demasiado difícil (sólo requería remojar hierbas aromáticas en agua y aceite), y todo el que sabía hacer un buen perfume podía ascender en la sociedad.

10. Falso. Los mesopotámicos nunca vivieron bajo un gobierno unificado, ni siquiera durante el apogeo del Imperio acadio. Incluso cuando la Alta y la Baja Mesopotamia se unieron en el primer milenio a. C., aún existían algunas diferencias en el gobierno de ambos territorios.

Rellene el espacio en blanco

1. Los mesopotámicos utilizaban lingotes de oro como forma de moneda en sus transacciones comerciales y económicas.

2. Cuando las ciudades crecieron, más gente pudo conseguir trabajo porque había muchas más tareas y actividades que hacer.

3. Las sociedades mesopotámicas estaban divididas en diferentes clases de personas.

4. La cima de la jerarquía mesopotámica estaba ocupada por el rey.

5. El nivel superior de la sociedad mesopotámica estaba formado por los miembros ricos, como sacerdotes, escribas y administradores de alto nivel.

6. Los obreros y los agricultores pertenecían a la clase baja.

7. Además del trabajo, los habitantes de los pueblos y ciudades más grandes también encontraron la oportunidad de realizar actividades recreativas.

8. Tanto las mujeres como los hombres se <u>maquillaban</u>, especialmente en las clases altas.

9. Las casas más ricas tenían <u>ventanas</u> para dejar entrar más <u>luz solar</u> y <u>lámparas de</u> aceite de sésamo para iluminación adicional.

10. Los antiguos mesopotámicos <u>se lavaban</u> y <u>vestían</u> con ropa limpia para la cena.

Preguntas sobre las imágenes

1. Los mercados como éste, instalados en la plaza de la ciudad de Hit, servían para comerciar con todo tipo de productos, desde animales hasta artesanía. Los mercaderes también vendían ropa, joyas, alimentos y productos importados. Una vez realizado el comercio, las cantidades eran anotadas por los escribas asistentes.

2. La imagen muestra a un cuarteto asirio tocando música, una parte muy importante de la vida social en la antigua Mesopotamia. Además de las ceremonias y funciones religiosas, se tocaba música para los reyes y otros miembros ricos de la sociedad, e incluso en los hogares donde las familias se reunían para pasar la noche.

3. Se trata de un amuleto, a menudo llevado en un collar. Los mesopotámicos llevaban amuletos porque creían que estos objetos estaban bendecidos por los dioses y les protegerían de cualquier daño.

4. La imagen muestra la celebración de una cacería real de toros en el Imperio asirio. Además del rey y otros miembros ricos de la sociedad, también asisten al evento músicos. También se ven esclavos alrededor de la realeza, esperando sus órdenes.

5. Algunas mujeres y hombres llevan túnicas largas. Las túnicas de las mujeres tienen más capas y detalles que las de los hombres. Los hombres mayores solían llevar túnicas más largas que les caían hasta los tobillos. Los más jóvenes llevaban una túnica más corta o una falda plisada.

6. Se trataba de un panel para muebles hecho de madera y marfil. A menudo decoraban camas, cofres y paredes en los hogares asirios ricos.

7. Eran conductores de carros. Conducían a los reyes y a los miembros ricos de la sociedad a todos los actos, incluidas las batallas, los discursos públicos y las celebraciones. Algunos recurrían a los cocheros simplemente para pasar el día en la ciudad. Los que

podían permitirse pagar a los cocheros mostraban su estatus simplemente yendo en carro.

8. Era Kubaba, la reina de la ciudad de Kish. Antes de convertirse en reina, Kubaba trabajaba como tabernera. Es una de las pocas gobernantes no masculinas de Mesopotamia, ya que la mayoría de las ciudades y pueblos estaban gobernados por reyes.

9. Los niños mesopotámicos solían jugar a un juego de saltar la cuerda que debe su nombre a la diosa del amor Ishtar. Además de los juegos de pelota, ésta era la otra actividad favorita de los niños cuando hacía buen tiempo.

10. Probablemente bebían cerveza, ya que ésta era la bebida preferida de la mayoría de los mesopotámicos durante el día. El vino solía utilizarse en las celebraciones y entre los ricos. La cerveza, por otro lado, era un complemento de la comida de mediodía para todo el mundo.

Respuesta corta

1. Los mesopotámicos tenían diferentes trabajos en las ciudades. Además de sacerdotes y sacerdotisas, eran escribas, soldados, artesanos, comerciantes, obreros y funcionarios.

2. Mesopotamia era tierra de pocos recursos. Muchos recursos esenciales no estaban disponibles, pero podían obtenerse de otras civilizaciones. El comercio permitió a los mesopotámicos hacer avanzar su sociedad.

3. Aprovecharon el rico suelo y las fuentes de agua de la región y desarrollaron una agricultura muy eficiente, empezando por los complejos sistemas de irrigación. Esta nueva tecnología les permitió producir más alimentos de los necesarios para que sus ciudades pudieran crecer.

4. Las casas mesopotámicas eran rectangulares y tenían un tejado plano. Las casas de los miembros de los niveles medio y superior tenían dos o tres niveles. La gente solía dormir en el tejado durante las calurosas noches de verano.

5. Muchos disfrutaban de conciertos y festivales, donde podían ver a artistas tocando las flautas, las arpas, las liras o los tambores. Otros participaban en deportes como la lucha, la natación y el boxeo.

6. La comida típica consistía en pan y menestra de verduras, ambos condimentados con hierbas frescas cultivadas en la zona. A veces,

comían pescado o, en ocasiones especiales, cordero o carnero asado. Con cada comida se comían cebollas y cereales, y los hombres acompañaban sus comidas con una o dos tazas de cerveza.

7. La mayoría de los hogares mesopotámicos tenían muebles sencillos hechos de juncos y madera. Los armazones de sus sillas eran similares a los de las sillas modernas. Los hogares del nivel superior también tenían sofás de piel de animal y madera, cofres de madera decorados, camas y mesas con acabados metálicos. Los pobres dormían sobre esteras de junco y probablemente tampoco tenían mesas.

8. Los niños jugaban con juguetes muy parecidos a los modernos. Tenían muñecas, camiones, pequeños bloques de construcción, pelotas, aros y cuerda para saltar. En los hogares ricos, las niñas también jugaban con muebles de juguete, mientras que los niños tenían arcos y flechas de juguete.

9. La escritura permitió a los escribas registrar todo lo que querían preservar para las generaciones futuras. Una vez que vieron lo útil que era la escritura, empezaron a registrarlo todo (lo que permitió a las generaciones futuras, incluidas las modernas, ver cómo era la vida en la antigua Mesopotamia).

10. Además de enviarlos a la escuela (que normalmente dirigía el templo local), las familias ricas también recurrían a tutores privados para sus hijos. Los tutores eran muy inteligentes y educados, y podían ganar más dinero enseñando que trabajando como escribas y maestros en las escuelas.

Capítulo 7: Arquitectos y constructores: innovaciones mesopotámicas

Los grandes zigurats y el complejo sistema de irrigación fueron sólo dos de las maravillas arquitectónicas originarias de la antigua Mesopotamia. Los imperios estuvieron marcados por notables innovaciones y soluciones constructivas que no sólo beneficiaron a la ciudad, sino también al crecimiento de toda la civilización.

En este capítulo, podrá poner a prueba sus conocimientos sobre la arquitectura mesopotámica y ver cómo configuró el progreso de las primeras civilizaciones humanas. Como siempre, también encontrará un apartado con un vistazo a un aspecto único del tema del capítulo: en este caso, datos interesantes sobre algunas de las estructuras mesopotámicas más famosas y soluciones innovadoras.

Preguntas de opción múltiple:

1. El zigurat se utilizó principalmente como:
   A. Palacio Real
   B. Mercado
   C. Templo religioso
   D. Lugar de reunión para actos públicos

2. ¿Qué tenían de particular los primeros lugares de culto en Mesopotamia?

    A. Motivos de la naturaleza

    B. Representación de dioses y diosas

    C. Imágenes de personas

    D. La forma de los edificios

3. ¿Qué estructuras se construyeron alrededor de las ciudades en el periodo de Uruk (antes de la primera dinastía)?

    A. Templos

    B. Murallas con torres de vigilancia

    C. Puertas

    D. Jardines

4. Además de las ciudades, ¿qué otras estructuras tenían sus propias murallas?

    A. Templos

    B. Cortes y palacios reales

    C. Casas del administrador

    D. Escuelas

5. ¿Cuándo empezaron a aparecer figuras antropomorfas (con aspecto de hombre) en la decoración de los edificios?

    A. En el Imperio acadio

    B. En el Imperio asirio

    C. Durante la Tercera Dinastía de Ur

    D. Durante el periodo neoasirio

6. ¿Qué gobernante construyó en el año 575 a. C. una de las estructuras arquitectónicas más famosas que quedan en Mesopotamia?

    A. Nabucodonosor II

    B. Nabucodonosor

    C. Ashurbanipal

    D. Ashurbanipal II

7. ¿Bajo qué principio se guiaban la mayoría de los arquitectos y constructores mesopotámicos?

    A. Cercanía a la naturaleza

    B. Reflejar la naturaleza

    C. Opuesto a la naturaleza

    D. Despreciar la naturaleza

8. ¿Cuáles eran los elementos clave de la arquitectura mesopotámica?

    A. Sistemas de riego complejos

    B. Zigurats

    C. Edificios de adobe decorados con tallas, relieves y otros elementos intrincados

    D. Todas las anteriores

9. La construcción de estructuras y soluciones nunca vistas requirió destreza, valor y ¿qué más?

    A. Imaginación y pensamiento creativo

    B. Investigar las técnicas de otras civilizaciones

    C. Años de estudio

    D. Aprender a crear objetos más prácticos

10. ¿Qué famosa estructura babilónica sólo se conoce por los mitos y los textos religiosos?

    A. Los jardines colgantes de Babilonia

    B. La torre de Babel

    C. El zigurat de Ur

    D. La Puerta de Ishtar

Verdadero o falso

1. Las ciudades mesopotámicas fueron de las primeras en implantar un trazado en cuadrícula para las calles de la ciudad.

   - Verdadero
   - Falso

2. La finalidad de los primeros edificios más grandes de los asentamientos mesopotámicos era el culto.

   - Verdadero
   - Falso

3. Entre los años 5000 y 4100 a. C., los mesopotámicos construían únicamente casas y edificios de adobe.

   - Verdadero
   - Falso

4. Los primeros canales y acueductos para el riego se construyeron tras la formación del Imperio acadio.

   - Verdadero
   - Falso

5. El arte y la arquitectura comenzaron a prosperar aún más tras la división de la realeza y el sacerdocio.

   - Verdadero
   - Falso

6. Ur-Nammu terminó la construcción del Gran Zigurat de Ur en 2030 a. C.

   - Verdadero
   - Falso

7. El último rey babilonio hizo grandes esfuerzos por restaurar las maravillas arquitectónicas de los imperios anteriores.

   - Verdadero
   - Falso.

8. Los zigurats también se utilizaban a veces para actos políticos.

   - Verdadero
   - Falso

9. Hubo otros grandes jardines construidos antes de los jardines colgantes de Babilonia.

- Verdadero
- Falso

10. Los elementos decorativos y el mobiliario hallados en las ruinas de Uruk indican que fueron creados en honor de Ea.

- Verdadero
- Falso

Rellene el espacio en blanco

1. El sistema de _____ fue una innovación clave que permitió a los mesopotámicos controlar el agua de los ríos para el riego.

2. Los primeros templos tenían edificios_____ dispuestos en un patrón _____ y pilares _____.

3. Los mesopotámicos perfeccionaron la construcción de zigurats en el periodo de _____.

4. _____ y _____ realizaron algunas de las obras más memorables de Mesopotamia durante el apogeo del Imperio acadio.

5. Ur-Nammu construyó palacios y cortes rodeados de _____ y _____.

6. Shulgi de Ur continuó el legado de su padre fundando la primera _____ _____ con jardines ornamentales.

7. Además de dar un aspecto más bonito a los edificios, las intrincadas decoraciones de los edificios mesopotámicos también mostraban ideas políticas, religiosas y _____.

8. Como muchos otros lugares de culto de Mesopotamia, el Zigurat de Ur tiene varios _____ y mide más de 90 pies de altura.

9. Con sus complejos _____ y coloridas _____, el arte arquitectónico babilónico era una verdadera representación de las riqueza culturales y monetarias de la civilización.

10. Dado que la mayoría de los grandes jardines mesopotámicos se construyeron cerca de grandes _____, donde había muros, sombra y suficientes recursos hídricos, algunos creen que los jardines colgantes de Babilonia pudieron construirse cerca del _____ de Nabucodonosor.

Preguntas sobre las imágenes

1. Identifique esta estructura y su probable finalidad en la sociedad mesopotámica.

Imagen 61

Respuesta:

_____

_____

_____

2. ¿Qué invento mesopotámico está relacionado con el asentamiento que aparece en el mapa?

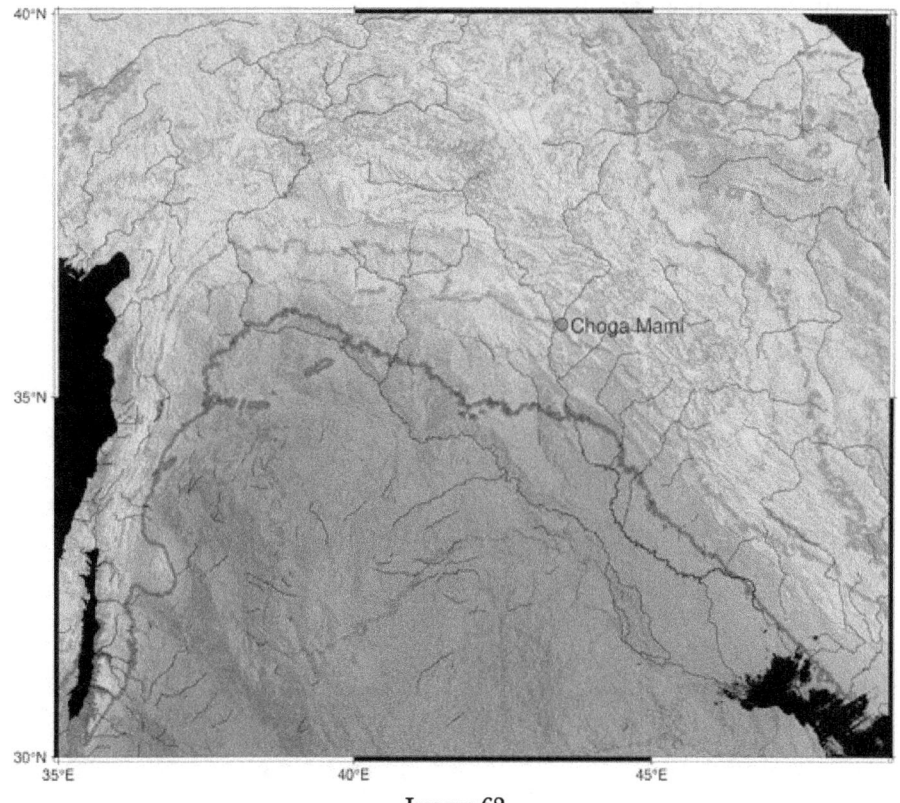

Imagen 62

Respuesta: _____

3. Las placas como ésta eran decoraciones comunes en los hogares de clase media y alta, pero también tenían otros propósitos. ¿Cuál cree que era su finalidad?

Imagen 63

Respuesta:

_____

_____

_____

4. ¿Para qué cree que se utilizaba esta herramienta en la arquitectura mesopotámica?

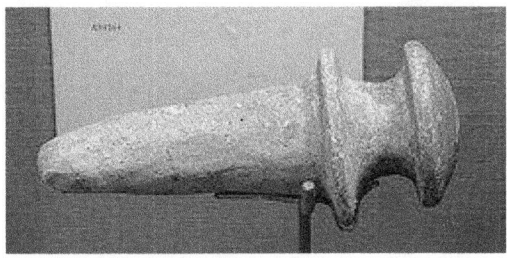

Imagen 64

Respuesta:

_____

_____

_____

5. El arte y la arquitectura de la Mesopotamia primitiva tenían algunos temas comunes. ¿Cuál era el tema de estas obras de arte?

Imagen 65

Respuesta: _____

6. ¿Dónde se utilizó este objeto?

Imagen 66

Respuesta:

_____

_____

_____

7. ¿Qué mítica innovación arquitectónica de Mesopotamia se supone que se encuentra en este lugar?

Imagen 67

Respuesta: _____

8. Estas clavijas de aspecto decorativo no se utilizaban realmente para decorar. ¿Puede adivinar su finalidad?

Imagen 68

Respuesta:

_____

_____

_____

9. Nombre este zigurat. Pista: Fue parcialmente destruido por el rey Ashurbanipal en 640 a. C.

Imagen 69

Respuesta: _____

10. ¿A qué antiguo asentamiento pertenecen estas ruinas?

Imagen 70

Respuesta: _____

Respuesta corta

1. Describa la importancia de los jardines colgantes de Babilonia en la arquitectura y la cultura mesopotámicas.

_____

_____

_____

2. ¿Cuáles son algunos ejemplos de obras de arte de la Mesopotamia primitiva?

_____

_____

_____

3. ¿Qué aspecto tenían los lugares mesopotámicos a principios del siglo XXI a. C.?

_____

_____

_____

4. Describa todos los factores que la arquitectura mesopotámica tenía en cuenta a la hora de construir algo.

_____

_____

_____

5. ¿Cuál fue el primer paso de los mesopotámicos para establecer un mejor sistema de irrigación?

_____

_____

_____

6. ¿En qué se diferenciaba la construcción de templos de la construcción de viviendas normales?

_____

_____

_____

7. ¿Qué significaba la finalización con éxito de una estructura para los constructores, arquitectos y otros artistas que trabajaron en ella?

_____

_____

_____

8. ¿Qué hacían los mesopotámicos antes de la finalización de un edificio?

_____

_____

_____

9. ¿Por qué se representaba a los gobernantes mesopotámicos con o junto a motivos religiosos en las decoraciones arquitectónicas?

_____

_____

_____

10. ¿Qué técnicas únicas de talla decorativa desarrollaron los asirios?

_____

_____

_____

Clave de respuestas

Preguntas de opción múltiple

1. C. El zigurat se utilizaba principalmente como templo religioso. Los sacerdotes y sacerdotisas celebraban actos religiosos en el zigurat, a menudo para alabar o apaciguar a un dios o diosa y ganarse su favor.

2. A. Los primeros lugares de culto tenían elementos decorados con animales y otros motivos naturales. Esto indica que la primera civilización adoraba más a la naturaleza y tenía un gran respeto por el mundo natural.

3. B. A medida que los asentamientos crecían a lo largo del Periodo Uruk, se necesitaban más medidas de protección alrededor de la ciudad. La construcción de muros con torres de vigilancia estratégicamente situadas permitió a los ciudadanos controlar quién entraba y salía y mantener a todos a salvo de un enemigo potencial.

4. B. Las cortes reales y los palacios solían tener también muros exteriores para mayor protección de la familia real. Los muros estaban decorados con pinturas de temática religiosa. A veces, había dos muros, uno alrededor del palacio y otro enorme muro defensivo alrededor del patio exterior.

5. C. Las primeras figuras antropomorfas aparecieron durante la Tercera Dinastía de Ur. Eran decoraciones similares a las primeras figuras votivas, excepto que eran mucho más grandes y tenían ojos grandes. Fueron construidas por familias adineradas en honor de su diosa o dios patrón.

6. A. Una de las estructuras arquitectónicas mesopotámicas más famosas que sigue en pie es la Puerta de Ishtar de Babilonia, mandada construir por Nabucodonosor II en el año 575 a. C.

7. B. Los constructores y arquitectos de la antigua Mesopotamia querían reflejar la naturaleza y el universo. Creían que los dioses y las diosas creaban orden en el universo porque así se establecía un equilibrio. Querían reproducir este orden para que la gente también pudiera tener equilibrio en sus vidas.

8. D. Aunque los mesopotámicos son bien conocidos por el uso de complejos sistemas de irrigación que remodelaron el futuro de la agricultura, los zigurats, el uso de ladrillos de barro y las decoraciones desempeñaron un papel igual de importante en su

arquitectura.

9. A. Además de la habilidad para hacer algo útil y agradable a la vista, la construcción de estructuras mesopotámicas novedosas también requería mucha imaginación y pensar de forma original. La imaginación permitió a los constructores diseñar algo único, y el pensamiento creativo les ayudó a crearlo incluso cuando parecía imposible.

10. B. La torre de Babel es conocida por el mito del origen ligado a las lenguas y por la literatura bíblica. Ambos afirman que los babilonios construyeron la torre para demostrar que podían crear algo que alcanzara los cielos. Para evitarlo, Dios hizo que los trabajadores hablaran lenguas diferentes para que no se entendieran (lo que hizo imposible terminar la torre).

Monumentos a los dioses y a los reyes: la arquitectura de Mesopotamia

Muchos de los famosos edificios mesopotámicos se erigieron en honor de dioses, diosas y criaturas míticas. Cada ciudad, pueblo y asentamiento tenía su protector divino, al que los lugareños rezaban y expresaban su gratitud.

Los zigurats son los monumentos de culto más conocidos y probablemente también los más notables, ya que algunos podían alcanzar más de 300 pies de altura. Las enormes estructuras requerían mucho esfuerzo e imaginación para terminarse, sin mencionar la inmensa cantidad de trabajo que se dedicó a la fabricación de los elementos decorativos.

Además de los templos y lugares de culto tradicionales, algunas deidades eran honradas con monumentos o decoraciones a la entrada de ciudades (por ejemplo, la Puerta de Ishtar) o palacios. Las decoraciones se hacían a menudo con azulejos de colores, que los artistas tardaban muchas horas en pintar.

Lamassu, una deidad protectora/criatura mitológica, también tuvo varios monumentos y elementos decorativos construidos en su honor. La mayoría de ellos proceden del periodo neoasirio, cuando los arquitectos mesopotámicos intentaban volver a sus raíces honrando las conexiones de la gente con la naturaleza y respetando al mismo tiempo a los dioses actuales.

Verdadero o falso

1. Verdadero. A medida que los asentamientos mesopotámicos crecían, se hizo importante que todo tuviera su lugar en el poblado o la ciudad. Con el tiempo, les resultó más fácil construirlo todo siguiendo una disposición en cuadrícula prediseñada, iniciando una tradición que daría forma a la arquitectura de las civilizaciones venideras.

2. Verdadero. Los arqueólogos sugieren que los primeros edificios más grandes construidos con ladrillos de barro (incluido el Göbekli Tepe, de 10.000 años de antigüedad) eran templos. No había otros indicios de actividades en la zona, lo que significaba que el lugar probablemente se consideraba sagrado.

3. Falso. Entre el 5000 y el 4100 a. C., los mesopotámicos también construyeron casas con hileras de juncos, excepto que la mayoría de éstas fueron destruidas mientras que muchas casas de ladrillo permanecieron.

4. Falso. Los astutos mesopotámicos empezaron a construir canales y acueductos para mejorar la agricultura durante el Periodo Uruk. Sin embargo, los mejoraron aún más durante el Periodo Dinástico Temprano.

5. Verdadero. El arte y la arquitectura empezaron a prosperar aún más después de que se dividieran la realeza y el sacerdocio. Los sacerdotes disponían de más tiempo y oportunidades para estudiar diferentes temas, como la escritura, que también contribuyó a mejorar el arte y la arquitectura en Mesopotamia.

6. Falso. Ur-Nammu encargó la construcción del Gran Zigurat de Ur, pero la obra nunca se terminó durante su reinado. Su hijo, Shulgi de Ur, fue quien completó la estructura, honrando los deseos de su padre.

7. Verdadero. Nabonido, el último rey babilonio, hizo grandes esfuerzos por restaurar las maravillas arquitectónicas de los imperios anteriores. Esto incluyó la reconstrucción del Zigurat de Ur, que fue destruido durante el auge del Imperio persa.

8. Verdadero. Su forma y tamaño hacían que los zigurats fueran perfectos no sólo para funciones religiosas, sino también para actos políticos.

9. Verdadero. Las pruebas arqueológicas sugieren que se construyeron otros grandes jardines antes incluso de la fundación del Imperio babilónico. Uno de ellos era el jardín del palacio de Ashurbanipal, que está representado en un relieve decorativo de la pared del palacio.

10. Falso. Los elementos decorativos y el mobiliario encontrados en las ruinas de Uruk indican que fueron creados en honor de la diosa Inanna.

Rellene el espacio en blanco

1. El sistema de irrigación fue una innovación clave que permitió a los mesopotámicos controlar el agua de los ríos para el riego.

2. Los primeros templos tenían edificios rectangulares dispuestos en un patrón circular y pilares en forma de T.

3. Los mesopotámicos perfeccionaron la construcción de zigurats en el periodo de Uruk.

4. Arquitectos y escultores realizaron algunas de las obras más memorables de Mesopotamia durante el apogeo del Imperio acadio.

5. Ur-Nammu construyó palacios y cortes rodeados de huertos y jardines.

6. Shulgi de Ur continuó el legado de su padre fundando la primera posada al borde de la carretera con jardines ornamentales.

7. Además de dar un aspecto más bonito a los edificios, las intrincadas decoraciones de los edificios mesopotámicos también mostraban ideas políticas, religiosas y sociales.

8. Como muchos otros lugares de culto de Mesopotamia, el Zigurat de Ur tiene varios pisos y más de 90 pies de altura.

9. Con sus complejos patrones y coloridas decoraciones, el arte arquitectónico babilónico era una verdadera representación de las riquezas culturales y monetarias de la civilización.

10. Dado que la mayoría de los grandes jardines mesopotámicos se construyeron cerca de grandes edificios, donde había muros, sombra y suficientes recursos hídricos, algunos creen que los jardines colgantes de babilonia pudieron construirse cerca del palacio de Nabucodonosor.

Preguntas sobre las imágenes

1. Éstas son las ruinas de un zigurat y un templo en la ciudad de Borsippa. La estructura se utilizaba antiguamente para rendir culto a Nabu, el dios de los escribas, la sabiduría y la alfabetización. Los seguidores se reunían en torno al sacerdote o sacerdotisa y participaban en la ceremonia, que alababa a Nabu o esperaba ganarse su favor (y no su ira).

2. Choga Mami es el lugar donde se encontró el canal de irrigación más antiguo. Fue construido alrededor del año 6000 a. C., durante el Periodo Ubaid. El asentamiento se estableció después de que se excavara el canal y hubiera suficientes recursos hídricos para la agricultura y la vida cotidiana.

3. Las placas con temática animal solían significar un profundo respeto por la naturaleza y los dioses o criaturas divinas que la gobernaban. Esta placa, en concreto, representa a Mushussu, el animal mítico que aparece en la literatura babilónica. Sus decoraciones arquitectónicas pretendían proteger a los habitantes de la casa de sus enemigos.

4. Esta clavija de arcilla se utilizaba para hacer decoraciones murales. Con el extremo afilado se podían hacer tallas y patrones precisos que adornarían las paredes exteriores. En las casas ricas, donde había paredes exteriores e interiores, a veces, las paredes interiores también se decoraban con motivos tallados.

5. Estas pequeñas figurillas de cerámica son ejemplos de arte y arquitectura con temática de la fertilidad. Datan de los primeros tiempos de la Mesopotamia urbana, alrededor del 4500 a. C.

6. La imagen muestra un jarrón votivo decorado con una escena de ofrenda a Inanna (Ishtar), lo que significa que se utilizaba en un templo dedicado a la diosa. Otros dioses, como Ea, por ejemplo, tenían objetos similares (jarrones, placas, registros, pilas de agua, etc.) dedicados a ellos en sus templos.

7. La imagen muestra las ruinas en el actual Irak en la (posible) ubicación de los jardines colgantes de Babilonia. Muchos sostienen que los jardines no se construyeron en Babilonia, sino en otra ciudad, posiblemente Nínive.

8. Las clavijas se enterraban bajo los cimientos de un edificio. Tenían una función protectora, pero también conservaban el nombre del constructor para las generaciones futuras (como una firma moderna

en una obra de arte). Se cree que las clavijas de la imagen proceden del año 2130 a. C., bajo el templo de Ningirsu, en el sur de Mesopotamia.

9. El zigurat de Chogha Zanbil data de 1250 a. C. Fue construido por el rey de Elam (actual Irán) y posteriormente se pensó que había sido completamente destruido por Ashurbanipal en el siglo VII a. C. Sin embargo, se encontraron partes del mismo durante una excavación en la región.

10. Las ruinas pertenecen a Tell Brak, un asentamiento que data de alrededor del 4800 a. C. Los tells eran estructuras elevadas hechas a partir de la acumulación de varios asentamientos pequeños. Tell Brak fue destruido y finalmente abandonado durante el dominio asirio alrededor del 1300 a. C.

Magos del agua: los sistemas de riego de Mesopotamia

Vivir en la medialuna fértil significaba que había una fuente de agua suficiente cerca. Para utilizar esta agua en sus campos, los sumerios tuvieron que cavar canales entre el Tigris y el Éufrates. Estos canales dirigían el agua de un río, atravesaban los campos y llevaban el agua al otro río.

Los canales parecían trincheras de guerra modernas, salvo que la tierra que se excavaba se dejaba a un lado. Más tarde se utilizó para cerrar el canal en lugares estratégicos y dejar que el agua inundara los campos.

Más tarde, los sumerios también crearon canales más grandes llamados diques, que podían transportar más agua. Los diques discurren perpendiculares a la superficie del agua y giran hacia atrás, hacia la tierra. Los sumerios mejoraron esto colocando muros de juncos y muros de ladrillos de arcilla en el camino de los canales que conducían tierra adentro.

Estas soluciones innovadoras permitieron prosperar a los asentamientos mesopotámicos y, más tarde, a las ciudades, por varias razones. En tiempo de sequía, podían dirigir el agua hacia el campo para regarlo. En época de crecidas, redirigían el agua del río, salvando de la ruina los campos llenos de cultivos.

Los reyes controlaban el sistema de riego y podían distribuir el agua a su antojo. La mayoría de las ciudades-estado se construyeron cerca del río, pero sobre una colina, para que estuvieran a salvo en época de inundaciones. Los canales se excavaban alrededor de las ciudades, donde los agricultores podían utilizarlos en sus campos y granjas.

Respuesta corta

1. En un principio, los jardines colgantes de Babilonia eran el símbolo de la riqueza y prosperidad del Imperio babilónico. Se construyeron con un trazado y una estructura nunca vistos, que sólo fueron posibles gracias a una maravilla arquitectónica que otras civilizaciones ni siquiera podían imaginar. Más tarde, los jardines inspiraron a muchos artistas visitantes de tierras lejanas, que incorporaron este motivo mesopotámico único a sus obras de arte y a su cultura.

2. Algunos ejemplos de obras de arte de la Mesopotamia primitiva son Göbekli Tepe, el lugar de culto más antiguo del mundo, que data de 10.000 a. C., o Çatalhöyük, la primera ciudad con construcción urbana, que data de alrededor de 7500 a. C., o la ciudad similar de Tell Brak, de 6500-5000 a. C.

3. A principios del siglo XXI a. C., los palacios tenían dos grandes patios conectados por una sala de audiencias lujosamente decorada (también conocida como sala del trono). Alrededor del patio exterior había almacenes, talleres y oficinas, lo necesario en una corte determinada. Las residencias de la familia real estaban alrededor del patio interior, bien protegidas.

4. El primero era el propósito práctico, pero más allá de esto, la relación de la gente con las divinidades también influía en el trabajo de los constructores. El papel que el propietario desempeñaba en la sociedad y la perspectiva que tenían del mundo también afectaban lo que querían que el arquitecto realizara.

5. Lo primero que hicieron los mesopotámicos fue asegurarse de que el agua pudiera fluir de las zonas más altas a las más bajas. Lo hicieron construyendo diques entre los dos ríos para que los de las zonas más bajas también pudieran cultivar.

6. La mayoría de las casas normales se construían con ladrillos de barro secados al sol. Los ladrillos de barro de los templos, zigurats y otros lugares de culto se secaban normalmente en un horno, lo que los hacía de mayor calidad y más duraderos (quizá por eso algunos siguen en pie).

7. La finalización con éxito de la estructura (y la posterior aprobación pública) era una oportunidad maravillosa para que constructores, arquitectos y artistas mostraran su talento. Muchos de ellos obtuvieron reconocimiento y un estatus social más elevado al

construir algo único y muy admirado tanto por los lugareños como por los visitantes.

8. Celebraban una ceremonia para honrar a la deidad que sería la patrona del edificio. Sin la bendición de un dios o diosa patrón, el edificio no se consideraba completo, aunque todos los ladrillos y elementos decorativos estuvieran colocados.

9. Esto era para mostrar que la autoridad de su gobernante provenía de los dioses. Era una forma de trasladar un mensaje religioso a los monumentos que honraban a reyes y héroes.

10. Los asirios inventaron una técnica para tallar motivos de diseño en piedras erguidas y acantilados. Posteriormente fue mejorada por los persas, pero seguía siendo una forma innovadora de acercar la naturaleza, los motivos religiosos y las personas.

Capítulo 8: Guerreros y conquistadores: historia militar de Mesopotamia

La historia militar de Mesopotamia comenzó con pequeños conflictos entre los asentamientos sumerios y evolucionó hacia las acciones bélicas de los gobernantes acadios, babilonios, asirios y persas.

Este capítulo le presentará estrategias comunes, batallas importantes y líderes heroicos que dieron forma a la historia de Mesopotamia. Leerá sobre sorprendentes maniobras militares y diplomáticas, junto con datos interesantes sobre los más grandes líderes y conquistadores.

Preguntas de opción múltiple

1. ¿Qué gobernante mesopotámico es conocido por haber creado uno de los primeros imperios del mundo mediante la conquista militar?

    A. Gilgamesh

    B. Nabucodonosor

    C. Sargón de Acad

    D. Nabucodonosor II

2. ¿En qué zona mesopotámica prosperó el imperialismo?

   A. Norte

   B. Sur

   C. Central

   D. En las riveras

3. ¿Cuándo celebró el monumento de la *Estela de los Buitres* la victoria sobre Umma?

   A. 2700 a. C.

   B. 2500 a. C.

   C. 2300 a. C.

   D. 2600 a. C.

4. Además de mantener el orden natural, Eannatum también tenía otras intenciones cuando atacó Umma. ¿Cuáles eran?

   A. Vengar una transgresión

   B. Recopilar recursos

   C. Conquistar tierras

   D. Obtener el control de las rutas comerciales

5. En las ciudades recién conquistadas del Imperio acadio, siempre había guerreros armados patrullando las calles. ¿Por qué?

   A. Por razones de seguridad

   B. El rey no confiaba en la lealtad de la gente

   C. Causar miedo

   D. Solidificar el poder

6. ¿Cuál fue la mejora más significativa en la guerra mesopotámica?

   A. Una estrategia de ataque única

   B. Una mejor estrategia de defensa

   C. El arco compuesto

   D. El método de entrenamiento

7. Una nueva arma significaba retirar otra herramienta de la primera línea. ¿De qué herramienta se trataba?

   A. Escudos

   B. Armerías

   C. Carros

   D. Puestos de vigilancia

8. ¿Qué rey se hizo con el control de los territorios asirios conquistando el reino de Mitanni?

A. Adad Nirari I

B. Suppiluliuma I

C. Tiglat Pileser I

D. Ashurnasirpal II

9. ¿Quién era Tukulti-Ninurta I y por qué fue conocido?

A. El gobernante asirio que derrotó a los hititas en la batalla de Nihriya

B. El gobernante asirio que conquistó Babilonia

C. Fue asesinado por llenar el tesoro con las riquezas babilónicas

D. Todas las anteriores

10. ¿Qué tipo de guerra preferían los asirios?

A. Defensa

B. Venganza

C. Asedio

D. Directo

Verdadero o falso

1. El ejército asirio era conocido por el uso de elefantes de guerra.

- Verdadero
- Falso

2. La primera guerra de la historia documentada fue el primer conflicto verdadero del mundo.

- Verdadero
- Falso

3. La geografía mesopotámica fue una causa común de guerras.

- Verdadero
- Falso

4. Según algunas fuentes, la guerra era un modo de vida constante en Mesopotamia.

- Verdadero
- Falso

5. En los primeros tiempos de la guerra, los mesopotámicos no utilizaban ningún casco protector especial en las batallas.

- Verdadero
- Falso

6. En el imperio acadio, los administradores eran leales al rey del imperio, no a los ciudadanos.

- Verdadero
- Falso

7. A veces, la invención de tácticas defensivas y ofensivas y de armamento se sucedían rápidamente.

- Verdadero
- Falso

8. Las tropas viajaban con escribas cuya única función era registrar los acontecimientos del campo de batalla.

- Verdadero
- Falso

9. Todos los reyes del periodo Ur utilizaron las mismas tácticas de gobierno y conquista.

- Verdadero
- Falso

10. El gran Imperio asirio, del que se hizo cargo Asurnasirpal II, se construyó en parte con riquezas robadas.

- Verdadero
- Falso

Rellene el espacio en blanco

1. La batalla de _____ fue un conflicto importante en la historia de Mesopotamia en el que participaron los babilonios y los elamitas.

2. En la antigua Mesopotamia, los conflictos armados se registraban a menudo a través de _____ y _____. cuneiforme

3. A veces, las guerras no se libraban entre dos naciones, sino entre sus _____ _____.

4. Cuando varias ciudades-estado o un imperio acudían a una batalla, cada ciudad-estado tenía su propia _____, lo que facilitaba enormemente la organización de la estrategia y el _____.

5. Para mantener el orden, Sargón y sus sucesores instalaron _____ y _____ de confianza en cargos importantes en todas las ciudades-estado.

6. Las personas capturadas en batalla podían ser ejecutadas, pero también _____ o a veces_____ después de un tiempo.

7. El Imperio acadio decayó y fue derrotado por los _____, que no sólo fueron conquistados, sino también _____ de Mesopotamia durante el tercer Periodo de Ur.

8. El imperio de Hammurabi duró poco, pero sus conquistadores, los _____, tampoco les fue mucho mejor.

9. Tras la derrota de los casitas, Mesopotamia pasó de una potencia gobernante a otra, empezando por los _____ y siguiendo por una serie de potencias _____.

10. Durante un asedio, los asirios utilizaban _____ _____ para entrar y tomar el control de una ciudad.

Preguntas sobre las imágenes

1. Describa la técnica de guerra representada en este relieve.

Imagen 71

Respuesta:

_____

_____

_____

2. El rey de este relieve está realizando un ritual común previo a la batalla. ¿Quién era y qué estaba haciendo?

Imagen 72

Respuesta:

_____

_____

_____

3. Este sello fue emitido por un rey inspirado y guiado por varias deidades. ¿Cómo se llamaba?

Imagen 73

Respuesta:

_____

_____

_____

4. ¿A qué categoría pertenecía este carro de guerra, pequeño o pesado?

Imagen 74

Respuesta:

_____

_____

_____

5. ¿Qué le dice esta imagen sobre el Imperio acadio y sus gobernantes?

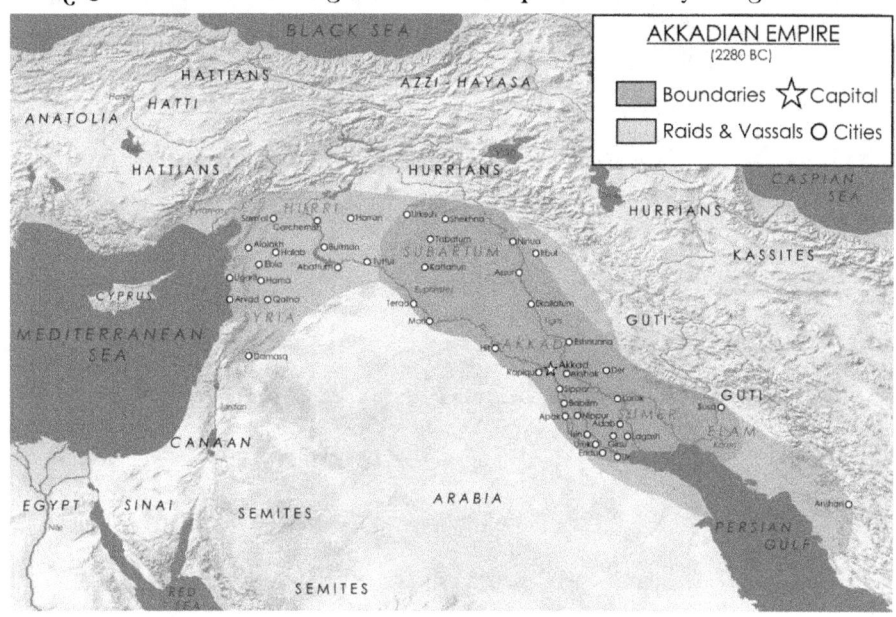

Imagen 75

Respuesta:

_____

_____

_____

6. ¿Para qué se utilizaba este objeto en la guerra mesopotámica?

Imagen 76

Respuesta:

_____

_____

_____

7. En un momento dado, la civilización resaltada en el mapa era mucho más fuerte que la civilización mesopotámica. Sin embargo, su conflicto terminó con un resultado inesperado. ¿Cuál fue este resultado?

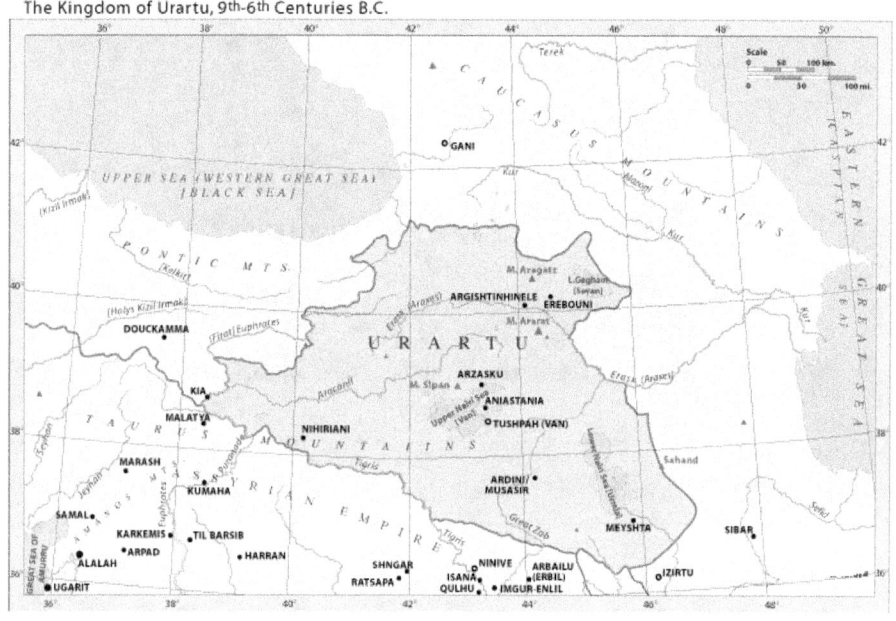

The Kingdom of Urartu, 9th-6th Centuries B.C.

Imagen 77

Respuesta:

_____

_____

_____

8. Estos miembros de la milicia asiria constituían la parte más importante de la infantería. ¿Por qué?

Imagen 78

Respuesta:

_____

_____

_____

9. Este rey asirio era conocido por hacer todo lo necesario para ganar una campaña militar. ¿Quién era?

Imagen 79

Respuesta:

_____

_____

_____

10. Nombre a este rey guerrero.

Pista: Gobernó desde Nínive y nunca reconstruyó una ciudad que conquistó y destruyó.

Imagen 80

Respuesta:

_____

_____

_____

Respuesta corta

1. Explique el papel del carro en la guerra mesopotámica.

_____

_____

_____

2. ¿Cómo utilizaban los mesopotámicos la religión en la guerra?

_____

_____

_____

3. ¿Qué tipo de armas llevaban los sumerios a las batallas?

_____

_____

_____

4. ¿Cómo mejoró Sargón de Acad la estrategia militar mesopotámica?

_____

_____

_____

5. ¿Qué permitió a los asirios, dirigidos por Adad Nirari I, establecer el Imperio asirio?

_____

_____

_____

6. Describa el orgullo de la estrategia de asedio asiria, el motor de batalla.

_____

_____

_____

7. Al igual que los sumerios, acadios y babilonios antes, los asirios siguieron afirmando que los conflictos eran voluntad de los dioses. Sin embargo, sus métodos para convencer a la gente eran algo diferentes. ¿Por qué?

_____

_____

_____

8. ¿Qué rey mesopotámico no se atribuía el mérito de sus victorias?

_____

_____

_____

9. ¿Recurrieron los reyes persas a las mismas tácticas militares que sus predecesores?

_____

_____

_____

10. Según un mito, el imperio de Hammurabi no sobrevivió por una razón muy inusual. ¿Cuál fue la razón?

_____

_____

_____

Clave de respuestas

Preguntas de opción múltiple

1. C. Sargón de Acad fue un verdadero líder militar. Conquistó casi todos los asentamientos y ciudades-estado sumerios, los sometió a su dominio y fundó el primer imperio del mundo.

2. B. El imperialismo comenzó a prosperar en el sur de Mesopotamia tras las conquistas de Sargón el Grande. Continuó con el Imperio babilónico, pero finalmente fue rechazado cuando el norte lo conquistó y se unió con el sur.

3. D. El monumento de la *Estela de los Buitres* celebraba la victoria sobre Umma en Lagash en 2600 a. C. La estela fue realizada en honor de Eannatum, rey de Lagash. Fue el primer momento en que se registró una victoria militar en la historia.

4. A. Aunque utilizó el cambio de límites como excusa para vengarse de una transgresión, en realidad Eannatum tenía otras intenciones cuando atacó a su vecino. A saber, la tierra del vecino tenía mejor acceso a las rutas comerciales terrestres y Eannatum quería hacerse con su control.

5. B. El rey no confiaba en la lealtad de la gente de las ciudades recién ocupadas. Los reyes como Sargón, que esperaban una lealtad ciega de la gente que acababa de quedar bajo su dominio, tenían todo el derecho a desconfiar de los recién anexionados. Muchos territorios recién conquistados organizaron protestas contra el nuevo gobernante, y los hombres del rey tuvieron que intervenir para restablecer el orden.

6. C. La mejora más significativa en la guerra mesopotámica fue el arco compuesto. Introducido en el Imperio acadio, el arco compuesto estaba hecho de hueso y madera prensados y pegados y se completaba con una cuerda de tendón. A diferencia del arco utilizado anteriormente por los sumerios, el arco compuesto era más fuerte y preciso incluso a grandes distancias.

7. B. y C. Cuando se introdujeron nuevas armas más eficaces, como el arco compuesto, las armerías dejaron de ser necesarias en primera línea. Esto incluía a los carros pesados que transportaban enormes cargas de armas para defenderse del avance del enemigo.

8. B. El rey que se hizo con el control de los territorios asirios conquistando el reino de Mitanni fue Suppiluliuma I, gobernante de

---

los hititas entre 1344 y 1322 a. C.

9. D. Tukulti-Ninurta I fue el gobernante asirio que derrotó a los hititas en la batalla de Nihriya. Increíblemente, en el mismo año (hacia 1245 a. C.), también consiguió conquistar la ciudad santa de Babilonia. Más tarde, fue asesinado por transferir los tesoros babilónicos al tesoro asirio.

10. C. Los asirios preferían la guerra de asedio. Contaban con una rama especial de ingenieros que ideaban una estrategia para atacar y conquistar el territorio enemigo.

Figuras legendarias de la guerra mesopotámica

Sargón de Acad (Sargón el Grande)

Según la mitología mesopotámica, Sargón de Akkad, cuyo nombre significaba "verdadero rey", pudo ser dotado por los dioses para establecer el primer imperio del mundo. Para ello, tuvo que utilizar un poder y unas tácticas militares insólitas en su época. Sus sucesores siguieron mejorando sus tácticas. El éxito radicó en una estrategia que implicaba algo más que el uso de la fuerza o la exigencia de obediencia. Ejercían su poder ganando batallas e infundiendo miedo a su enemigo, pero también siendo gobernantes justos y mostrando su respeto a los dioses.

Antes de que Sargón ascendiera al poder, estudió las tácticas sumerias y aprendió lo que les hacía prosperar en la batalla y como civilización. Mientras trabajaba como copero del rey de Kish, vio los conflictos entre Kish, Ur y Uruk y esperó hasta el mejor momento para hacer su jugada. Entonces, organizó una tropa de soldados leales a él, que le ayudaron a derrocar al rey de Kish.

Sargón continuó conquistando territorios hacia el sur, derrotando finalmente a Lugalzagesi, el rey de Sumer, en 2334 a. C. Con cada conquista, añadía a sus tropas los hombres de las ciudades que vencía. Una vez que se hizo con el control de Sumer, estableció un ejército entrenado profesionalmente que conquistaría muchas otras ciudades-estado hasta la actual Siria.

Verdadero o falso

1. Falso. El ejército asirio utilizaba caballos y asnos para tirar de los carros de batalla, pero no utilizaba elefantes. Los indios lo utilizaron contra ellos y, más tarde, los persas también empezaron a utilizar elefantes de batalla importados para conquistar a sus enemigos.

2. Falso. La guerra entre Sumeria y Elam en el 2700 a. C. fue sólo la primera de la que se tiene constancia histórica. Antiguas leyendas y mitos mencionan conflictos y batallas que probablemente ocurrieron en el cuarto milenio a. C. y algunos incluso antes.

3. Verdadero. Debido a la desigual distribución de los recursos, los ríos y los terrenos montañosos, los conflictos eran habituales entre los pueblos mesopotámicos. Todos trataban de asegurarse los recursos, a veces arrebatándoselos a otros para conseguir su supervivencia.

4. Verdadero. Algunos registros sugieren que las mayores ciudades-estado estuvieron en constante estado de guerra durante hasta 3 milenios. Hubo breves periodos de paz impuestos por la parte victoriosa, pero nunca duraron demasiado.

5. Falso. El casco más antiguo del mundo data del año 2500 a. C. y lo llevaba un comandante sumerio. Los registros arqueológicos (tallas) sugieren que la gente ha llevado cascos en las batallas incluso antes de esto.

6. Verdadero. En el imperio acadio, los administradores eran leales al rey del imperio, no a los ciudadanos. Este sistema fue establecido por Sargón y continuó durante el gobierno de sus sucesores.

7. Verdadero. Entre rivales, cuando uno inventaba una táctica defensiva o un arma, el otro se esforzaba por encontrar un contramovimiento ofensivo para salir victorioso. Por ejemplo, después de que se inventaran los cascos metálicos, alguien ideó hachas de combate más potentes que atravesaran los cascos metálicos.

8. Falso. Los escribas tenían otro papel importante en las batallas. Su tarea consistía en calcular cuánta fuerza necesitarían emplear las tropas para derribar al enemigo. Por ejemplo, cuando querían conquistar una ciudad, los escribas determinaban la cantidad de fuerza necesaria para derribar las murallas. También contribuían a la estrategia de defensa determinando cómo construir una rampa ofensiva.

9. Falso. Los reyes del periodo de Ur utilizaron tácticas de gobierno y conquista muy diferentes. Algunos seguirían el modelo de Sargón, mientras que otros adoptaron un enfoque más amable, con la esperanza de evitar el descontento y establecer rápidamente el orden en los territorios recién ocupados.

10. Verdadero. Los tesoros babilónicos aumentaron considerablemente la riqueza del Imperio asirio. Se utilizaron para reactivar la economía y reconstruir el ejército. Es posible que si no hubiera sido por los tesoros robados de Babilonia, el Imperio asirio no hubiera llegado tan lejos ni antes ni después del reinado de Asurnasirpal II.

Figuras legendarias de la guerra mesopotámica II

Hammurabi

Varios cientos de años más tarde, en el siglo XVIII a. C., el rey amorreo Hammurabi siguió utilizando el modelo militar de Sargón. Al igual que el soberano acadio, estableció una fuerza de combate profesional en cuanto llegó al poder. También hizo aliados, entre ellos Larsa, que le ayudaron a imponerse contra los elamitas.

Para obtener más poder, Hammurabi se alió más tarde con los rivales de Larsa, conquistando Uruk, Isin, Nippur y finalmente Lagash. Para entonces, todas las ciudades-estado mesopotámicas estaban bajo su mando, y las controlaba desde Babilonia.

Hammurabi también utilizó una táctica que aprendió de su padre, Sin-Muballit. Cuando una ciudad-estado se negaba a rendirse, bloqueaba su suministro de agua o ponía un dique en los canales, y luego inundaba la ciudad justo antes de atacar. Era una táctica brutal pero muy eficaz, funcionaba a la perfección. Incluso si tenía que inundar toda una ciudad-estado, más tarde la reconstruía.

Rellene el espacio en blanco

1. La batalla de Elam fue un conflicto importante en la historia de Mesopotamia en el que participaron los babilonios y los elamitas.

2. En la antigua Mesopotamia, los conflictos armados se registraban a menudo a través de obras de arte y escritura cuneiforme.

3. A veces, las guerras no se libraban entre dos naciones, sino entre sus dioses protectores.

4. Cuando varias ciudades-estado o un imperio acudían a una batalla, cada ciudad-estado tenía su propia milicia, lo que facilitaba enormemente la organización de la estrategia y el ataque.

5. Para mantener el orden, Sargón y sus sucesores instalaron a amigos y familiares de confianza en cargos importantes en todas las ciudades-estado.

6. Las personas capturadas en batalla podían ser ejecutadas, pero también esclavizadas o a veces liberadas después de un tiempo.

7. El Imperio acadio decayó y fue derrotado por los gutianos, que no sólo fueron conquistados, sino también exiliados de Mesopotamia durante el tercer periodo de Ur.

8. El imperio de Hammurabi duró poco, pero a sus conquistadores, los casitas, tampoco les fue mucho mejor.

9. Tras la derrota de los casitas, Mesopotamia pasó de una potencia gobernante a otra, empezando por los hititas y siguiendo por una serie de potencias asirias.

10. Durante un asedio, los asirios utilizaban escaleras móviles para entrar y tomar el control de una ciudad.

Preguntas sobre las imágenes

1. La imagen muestra una combinación clásica de tácticas de ataque y defensa. Los arqueros sobre los cargadores atacan al enemigo mientras el resto de los soldados defienden la línea con sus grandes escudos.

2. Era Adad-Nirari III, el rey asirio que gobernó del 810 al 783 a. C. Rezaba a los dioses y diosas para obtener ayuda y buenos resultados en la batalla.

3. Era Shulgi de Ur, el primer gobernante gentil que intentó encontrar una solución no violenta a los conflictos. En este sello se le muestra intentando encontrar el equilibrio entre los consejos del dios que tiene delante y los de la diosa que tiene detrás.

4. Este vehículo sólo tenía dos ruedas, lo que significa que pertenecía a la categoría de carros de guerra pequeños. Los carros pesados tenían cuatro ruedas para transportar cargas grandes con mayor facilidad.

5. La imagen muestra hasta qué punto creció el imperio mediante constantes incursiones en los territorios vecinos. Es un gran testimonio de las habilidades de los gobernantes acadios y de su voluntad de buscar e introducir innovaciones en la guerra y en las tácticas militares.

6. Se trata del llamado Peluca de Oro, el primer casco de metal utilizado por los sumerios.

7. Cuando los asirios bajo el gobierno de Sargón II entraron en conflicto con los urartu, muy pocos esperaban su victoria. Sin

embargo, contra todo pronóstico, el ejército de Sargón derrotó hábilmente a su enemigo.

8. Los arqueros asirios cubrían a todos los demás miembros de la infantería, incluidos los que trepaban por los fosos, encendían hogueras bajo las puertas de madera, levantaban rampas, etc.

9. Era Tiglat Pileser III, el rey asirio que perfeccionó el uso de las máquinas de combate de asedio. También tenía la habilidad y el valor para utilizar cualquier táctica que fuera necesaria para derrotar al enemigo. Siempre planeaba sus campañas con mucha antelación, asegurándose de que le darían los resultados que deseaba por muy difícil que fuera una conquista o una defensa.

10. Asurbanipal, el último rey asirio conocido por sus brillantes maniobras militares, no reconstruyó las ciudades que destruyó durante sus conquistas. En su lugar, trasladó a toda la población y dejó las ciudades y los campos vacíos.

Respuesta corta

1. Los carros dieron a los mesopotámicos una gran ventaja en las batallas. Los que conducían carros más pequeños podían moverse más rápido y atacar con flechas a los soldados a pie del enemigo. Para cuando el enemigo podía reaccionar, se alejaban a una distancia más segura. Los carros más grandes también servían como arsenales que transportaban armas.

2. Según los mesopotámicos, los dioses querían orden. Si surgía un conflicto, consultaban a su deidad patrona y actuaban en función de las señales que recibían. Si el presagio decía que atacaran al rival/enemigo, significaba que los dioses necesitaban que atacaran para restablecer el orden.

3. Los soldados sumerios disponían de una amplia gama de armas, como hondas, dagas, arcos, hachas, jabalinas y lanzas de hierro.

4. Sargón entrenó a su milicia para luchar en una formación cerrada de seis hombres, en la que los de delante estaban protegidos del enemigo por grandes escudos. Mientras el grupo de seis hombres marchaba hacia delante, detrás de ellos, arqueros y honderos abrían fuego.

5. Antes de su derrota ante los hititas, el reino de Mitanni ejercía un fuerte control sobre los asirios. Una vez desaparecida esta amenaza, Adad Nirari I organizó a su pueblo y fundó un nuevo imperio que

más tarde se apoderaría de toda Mesopotamia.

6. La única arma de batalla de la que se enorgullecían los asirios eran las torres de madera de varios pisos de altura. Tenían cuatro ruedas, una torreta superior y varios arietes en sus bases.

7. Elegían a un dios y afirmaban que todos debían seguir la voluntad de esta deidad y hacer caso omiso de las demás. Esto es muy parecido a cómo funcionan las religiones monoteístas, lo que sin duda era algo nuevo en una región gobernada por creencias politeístas.

8. Sargón II no se atribuyó el mérito de sus victorias, incluida su sorprendente victoria sobre Urartu en el 714 a. C. En su lugar, afirmó que todo su éxito era obra del dios Ashur, ya que éste le guiaba en todas las decisiones que condujeron a la guerra.

9. Aunque los reyes persas recurrieron a las mismas tácticas militares que sus predecesores, introdujeron nuevas mejoras. Por ejemplo, Ciro II fue capaz de formar un imperio aún mayor que el de los asirios con un ejército entrenado profesionalmente y nuevas técnicas ofensivas que le permitieron avanzar mucho más rápido.

10. Según un mito mesopotámico, cuando Hammurabi destruyó el templo de Shamash, ignoró una inscripción en la pared que en realidad era una maldición. La maldición amenazaba con desatar la cólera de los dioses sobre cualquiera que profanara el templo. Hammurabi lo hizo, y su alianza con los dioses quedó aparentemente rota porque su imperio fue derrotado poco después de su muerte.

Capítulo 9: Comercio y economía: el bazar del mundo antiguo

Naturalmente, la fértil tierra de Mesopotamia, combinada con las increíbles habilidades de sus habitantes, pronto condujo a un estado en el que los asentamientos producían más de lo necesario. Tenían más pescado, verduras, frutas, carne, lácteos y frutos secos de los que podían consumir. Sin embargo, no tenían madera para construir casas y refugios ni metales para fabricar armas, pero éstos estaban disponibles en otras tierras.

Como siempre, los mesopotámicos pensaron en sacar lo mejor de la situación y empezaron a intercambiar lo que tenían por lo que otros les ofrecían. Este capítulo trata de las antiguas rutas comerciales, los sistemas de trueque y las prácticas económicas que conectaban Mesopotamia con otras civilizaciones.

Preguntas de opción múltiple

1. ¿Cuál de los siguientes era un producto comercial importante en la antigua Mesopotamia?

    A. Seda

    B. Especias

    C. Lana

    D. Textiles

2. ¿Para qué servían los puestos avanzados?

    A. Comercio local

    B. Comercio a larga distancia

    C. Comercio interurbano

    D. Registro de ventas

3. ¿Qué productos comerciales se producían en los talleres de los templos?

    A. Cerámica y cestas

    B. Productos de cuero y joyería

    C. Figurillas devocionales y tallas de marfil

    D. Todas las anteriores

4. Además de los productos agrícolas, ¿qué otros alimentos se exportaban desde Mesopotamia?

    A. Dátiles

    B. Lino

    C. Arroz

    D. Pescado

5. ¿Qué inventos mesopotámicos contribuyeron a mejorar el comercio?

    A. Producción en masa

    B. Escritura

    C. Ruedas

    D. Velas

6. Además de la agricultura y los alimentos, ¿con qué otros recursos podía comerciar Mesopotamia?

    A. Metales

    B. Material de construcción

    C. Papiro

    D. Marfil

7. ¿Qué rey mejoró la infraestructura mesopotámica, facilitando el comercio por tierra?

   A. Hammurabi

   B. Shulgi

   C. Ur-Nammu

   D. Utu-Hegal

8. ¿Cuándo comenzó el comercio local en Mesopotamia?

   A. En el periodo de Uruk

   B. En el periodo Ubaid

   C. En el primer Imperio

   D. En el periodo gutiano

9. ¿Cuándo establecieron los mesopotámicos el comercio con Egipto?

   A. En el periodo Ubaid

   B. Antes del periodo Ubaid

   C. En el periodo Ur III

   D. En el período de Uruk

10. ¿Qué papel desempeñaron los zigurats en el comercio?

   A. Lugar de comercio

   B. Poste de señalización

   C. Hito

   D. Puestos avanzados

Verdadero o falso

1. Los mesopotámicos utilizaban un sistema de trueque para la mayoría de sus actividades comerciales.

   • Verdadero

   • Falso

2. Los mercaderes asirios eran a menudo empresas familiares que comerciaban localmente en Mesopotamia y más allá.

   • Verdadero

   • Falso

3. Los mercaderes asirios sólo comerciaban con productos locales.

- Verdadero
- Falso

4. Los mercaderes mesopotámicos comenzaron a comerciar estableciendo rutas comerciales a lo largo de los ríos Tigris y Éufrates.

- Verdadero
- Falso

5. Mesopotamia empezó a comerciar en todas direcciones sólo en el primer milenio.

- Verdadero
- Falso

6. La mayor parte del comercio de larga distancia se realizaba por rutas fluviales.

- Verdadero
- Falso

7. Mesopotamia disponía de recursos para la mayoría de los bienes esenciales.

- Verdadero
- Falso

8. Las revueltas sociales afectaron al crecimiento económico acadio.

- Verdadero
- Falso

9. Mesopotamia mostró un declive significativo en el comercio durante el periodo Gutiano.

- Verdadero
- Falso

10. A finales del segundo milenio a. C., la reactivación del comercio condujo al Renacimiento sumerio

- Verdadero
- Falso

Rellene el espacio en blanco

1. La ciudad de _____ era un importante centro de comercio en la antigua Mesopotamia.

2. En la época del Imperio asirio, Mesopotamia _____ cereales, textiles, cerámica, aceite de cocina, joyas, artículos de cuero y cestas, e _____ oro de Egipto, estaño de Persia, plata de Anatolia, peras y marfil de la India y cobre de Arabia.

3. Las rutas comerciales por tierra se dirigían _____ hacia los montes Zagros y llegaban hasta los actuales Afganistán e Irán.

4. La ruta marítima se extendía a través del _____ por el _____ hasta el _____ en lo que hoy es el norte de la India y Pakistán.

5. Los mercaderes y comerciantes de las primeras ciudades mesopotámicas empezaron a formar _____ para comerciar a larga distancia.

6. _____ y _____, utilizados para fabricar _____, eran importaciones especialmente importantes de tierras extranjeras.

7. En los primeros tiempos, los mercaderes viajaban _____ o utilizaban _____ para transportar las mercancías.

8. El establecimiento de rutas comerciales con Egipto permitió a los mesopotámicos acceder a la importación de _____ y a un artículo novedoso, _____.

9. Durante el periodo Dinástico Temprano III y hasta 2334 a. C., _____ y _____ fueron las potencias políticas y comerciales más dominantes.

10. Un periodo de _____ durante el periodo gutian detuvo el comercio porque eliminó el excedente _____ que se utilizaba para comerciar.

Preguntas sobre las imágenes

1. ¿Cuál era el uso principal de estos sellos en el comercio mesopotámico?

Imagen 81

Respuesta:

_____

_____

_____

2. Esta tablilla de arcilla registra el comercio de plata y textiles entre mercaderes asirios y uno de sus principales socios comerciales. ¿Quiénes eran estos asociados?

Imagen 82

Respuesta:

_____

_____

_____

3. A los mesopotámicos les gustaba tanto usar joyas como exportarlas. Sin embargo, hacer ambas cosas dependía del comercio. ¿Por qué? Pista: Eche un vistazo a la imagen para encontrar la respuesta.

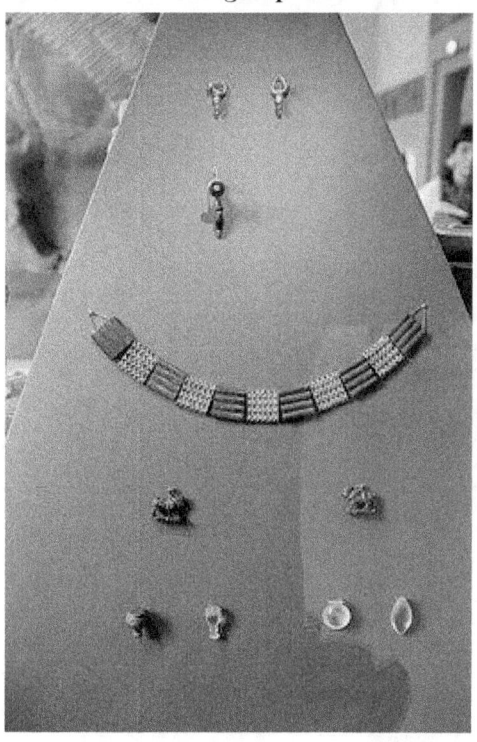

Imagen 83

Respuesta:

_____

_____

_____

4. Esta fue la primera moneda estandarizada utilizada en el comercio en Mesopotamia. ¿Quién la introdujo?

Imagen 84

Respuesta:

_____

_____

_____

5. ¿Para qué se utilizaban estas fichas de arcilla en el comercio?

Imagen 85

Respuesta:

_____

_____

_____

6. Esta es una de las cartas entre Egipto y el Club de las Grandes Potencias, que habla del próspero sistema comercial entre las civilizaciones. ¿Cómo se llaman las cartas?

Imagen 86

Respuesta: _____

7. ¿Cuál de las ciudades más grandes de este mapa (marcadas con letras rojas) era un punto central para el comercio con la civilización del valle del Indo?

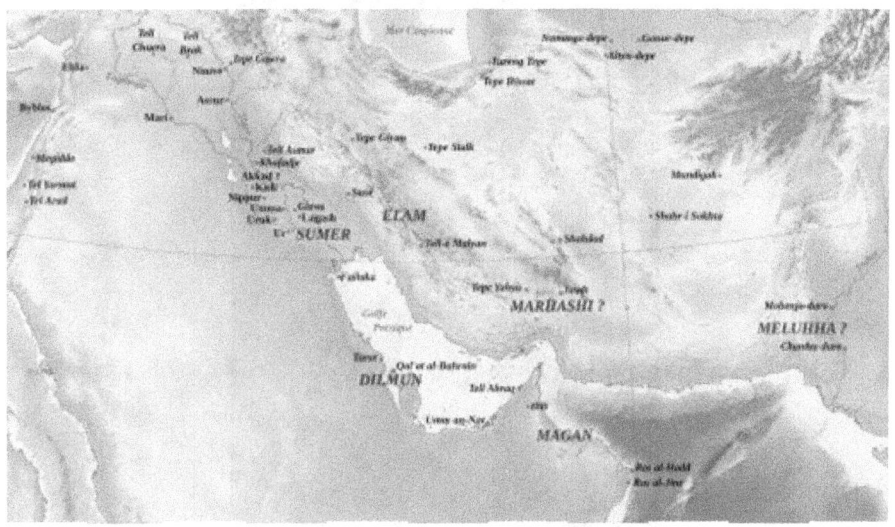

Imagen 87

Respuesta: _____

8. ¿Cuándo fue popular el comercio de estas figuritas en Mesopotamia?

Imagen 88

Respuesta: _____

9. Este mapa destaca una antigua ruta comercial, que posteriormente fue abandonada. ¿En qué dirección iba esta ruta?

Imagen 89

Respuesta: _____

10. Aunque los mesopotámicos exportaban muchos productos metálicos acabados, éstos se utilizaban para diferentes fines. ¿Cuál era su finalidad?

Imagen 90

Respuesta:

_____

_____

_____

Respuesta corta

1. Describa la importancia de los ríos Tigris y Éufrates en el comercio mesopotámico.

_____

_____

_____

2. ¿Cómo funcionaba el comercio a larga distancia en la antigüedad?

_____

_____

_____

3. ¿Cuál era el beneficio del comercio local y a larga distancia, respectivamente?

_____

_____

_____

4. ¿Qué herramientas utilizaban los mesopotámicos para transportar mercancías?

_____

_____

_____

5. ¿Qué dificultaba el comercio por tierra a los mercaderes?

_____

_____

_____

6. El comercio local y a larga distancia floreció bajo el dominio acadio. ¿Por qué?

_____

_____

_____

7. ¿Cómo hizo Shulgi de Ur para elevar de nuevo el comercio tras el periodo gutiano?

_____

_____

_____

8. ¿Por qué fue importante el gobierno de Hammurabi para el comercio mesopotámico?

_____

_____

_____

9. ¿Qué era el Club de las Grandes Potencias y cuál era su papel?

_____

_____

_____

10. Algunos creen que el sistema de trueque condujo a la invención de la escritura cuneiforme. ¿Por qué y cómo cree que pudo ocurrir esto?

_____

_____

_____

Clave de respuestas

Preguntas de opción múltiple

1. C. La lana era una importante mercancía comercial. La lana y los productos de lana para el comercio eran preparados en los talleres del templo por esclavos y jóvenes escribas.

2. B. Los puestos avanzados se utilizaban para el comercio a larga distancia. A medida que se ampliaban las rutas comerciales, los mercaderes establecieron puestos avanzados para comerciar en territorios vecinos y lejanos.

3. D. La cerámica producida en masa, los artículos de cuero, la joyería, la cestería, las figurillas devocionales y las tallas de marfil se fabricaban en los talleres de los templos.

4. A. y B. Además de productos agrícolas, desde Mesopotamia se exportaba lino y dátiles.

5. C. y D. Con el desarrollo de la rueda y la vela, el transporte de mercancías se hizo más fácil. Las mercancías pesadas a granel podían viajar en carretas tiradas por bueyes o ser cargadas en barcos fluviales.

6. B. Aparte de alimentos, Mesopotamia era rica en barro, arcilla y juncos, materiales que utilizaban para construir sus ciudades.

7. A. Tras conquistar vastos territorios, Hammurabi ordenó la mejora de las infraestructuras mesopotámicas, ganándose el título de "Constructor de la tierra". Fue responsable de la construcción de edificios donde los mercaderes pudieran descansar mientras viajaban (posadas al borde de los caminos), almacenar sus productos (almacenes) y llevar a cabo su comercio.

8. B. En Mesopotamia, el comercio local comenzó en el periodo Ubaid, entre el 5000 y el 4100 a. C. Los mesopotámicos se acostumbraron pronto a que el trueque de lo que les sobraba les ayudaría a conseguir lo que necesitaban.

9. D. Mientras que los mesopotámicos tenían rutas comerciales hacia distancias más lejanas mucho antes, el comercio con Egipto no se estableció hasta el periodo Uruk.

10. C. Los zigurats eran puntos de referencia que señalaban ciudades más grandes. Ciudades más grandes significaban mayores oportunidades comerciales, por lo que los mercaderes preferían

detenerse en los zigurats de Mesopotamia. Se verían desde lejos y sabrían que allí tendrían oportunidades comerciales.

Verdadero o falso

1. Verdadero. El sistema de trueque era un método de comercio común en la antigua Mesopotamia. Aún no se había inventado el concepto de dinero, por lo que el intercambio de un producto por otro era la forma en que todo cambiaba de manos.

2. Verdadero. Los mercaderes asirios eran un negocio familiar que comerciaba por toda Mesopotamia y más allá. Sólo cuando el negocio se expandía, y nadie de la familia estaba disponible para viajar podían contratar gente de otros territorios para comerciar allí.

3. Falso. Además de los productos locales de Mesopotamia, los comerciantes asirios transportaban e intercambiaban artículos que compraban en otras tierras. Por ejemplo, en Anatolia, vendían estaño que compraban más al este.

4. Verdadero. Las ciudades mesopotámicas establecieron el comercio a lo largo de los ríos Tigris y Éufrates y hasta Anatolia (la actual Turquía).

5. Falso. En el III milenio, el comercio de Mesopotamia se expandió en todas direcciones y a través de múltiples territorios vecinos y lejanos.

6. Falso. En la mayoría de los casos, los mesopotámicos preferían el comercio por tierra, incluso a largas distancias. Transportaban las mercancías con caravanas que utilizaban burros y animales de carga similares. Les gustaban los burros en particular porque estos animales pueden cargar hasta 150 libras y viajar por terrenos montañosos por los que los carros con ruedas tenían dificultades para pasar.

7. Falso. Mesopotamia necesitaba el comercio para la mayoría de los bienes esenciales, incluidos los metales.

8. Falso. A pesar de las numerosas revueltas sociales que marcaron el periodo acadio, el comercio siguió prosperando. Sargón y sus sucesores siempre fueron capaces de sofocar las revueltas para asegurarse de que no afectaran al crecimiento del imperio.

9. Verdadero. Los gutianos no lograron mantener el comercio terrestre y marítimo a la altura de los acadios. Además, permitieron que los ladrones acecharan las carreteras y asustaran a los mercaderes ante

la perspectiva de transportar mercancías valiosas a largas distancias.

10. Verdadero. A finales del II milenio, las principales ciudades-estado de Mesopotamia bajo el reinado de Shulgi parecían haberse dedicado al comercio a larga distancia, lo que fomentó la prosperidad, la estabilidad económica y el renacimiento de la cultura de la región conocida como el Renacimiento sumerio.

Rellene el espacio en blanco

1. La ciudad de Ur era un importante centro de comercio en la antigua Mesopotamia.

2. En la época del Imperio asirio, Mesopotamia exportaba cereales, textiles, cerámica, aceite de cocina, joyas, artículos de cuero y cestas e importaba oro de Egipto, estaño de Persia, plata de Anatolia, peras y marfil de la India y cobre de Arabia.

3. Las rutas comerciales por tierra se dirigían al este, hacia los montes Zagros, y llegaban hasta los actuales Afganistán e Irán.

4. La ruta marítima se extendía a través del golfo Pérsico por el mar Arábigo hasta el valle del Indo en lo que hoy es el norte de la India y Pakistán.

5. Los mercaderes y comerciantes de las primeras ciudades mesopotámicas empezaron a formar caravanas para comerciar a larga distancia.

6. El cobre y el estaño, utilizados para fabricar bronce, eran importaciones especialmente importantes de tierras extranjeras.

7. En los primeros tiempos, los mercaderes viajaban a pie o utilizaban animales de carga para transportar las mercancías.

8. El establecimiento de rutas comerciales con Egipto permitió a los mesopotámicos acceder a la importación de madera y a un artículo novedoso, el papiro.

9. Durante el periodo Dinástico Temprano III y hasta el 2334 a. C., Kish y Uruk fueron las potencias políticas y comerciales más dominantes.

10. Un periodo de sequía durante el periodo gutian detuvo el comercio porque eliminó el excedente agrícola que se utilizaba para comerciar.

Preguntas sobre las imágenes

1. Los sellos se utilizaban para crear etiquetas de arcilla para las mercancías objeto de comercio. Se prensaban en arcilla blanda y luego se utilizaban para sellar las bocas de las tinajas.

2. Los mercaderes de Anatolia eran los socios comerciales más frecuentes de los asirios. A menudo traían tejidos de lana de los mercaderes asirios y les vendían plata y recursos naturales.

3. Muchas veces, las joyas se fabricaban con materiales que no se podían encontrar en Mesopotamia. Los artesanos necesitaban importarlos para fabricar joyas, que luego vendían en los mercados locales y extranjeros.

4. Esta moneda, el dárico, fue introducida por el rey Darío I entre los años 522 y 486 a. C. Su predecesor, Ciro II, empezó a utilizar monedas en el comercio, pero su valor aún no estaba estandarizado.

5. Las fichas de arcilla eran una forma de seguro dentro del sistema de trueque. La persona que vendía la mercancía entregaba el mismo número de fichas que la mercancía que vendía, y la persona que las recibía las contaba para comprobar que todo estaba en orden. Las fichas tenían diferentes formas, según el producto al que acompañaban.

6. Se trata de las Cartas de Amarna, escritas hacia 1348-1320 a. C.

7. Dilmun, también conocida como la Tierra de los Dioses por los sumerios, era un punto central para el comercio con la civilización del valle del Indo. Los comerciantes mesopotámicos viajaban a Dilmun y se encontraban con los comerciantes del valle del Indo que llevaban sus mercancías locales.

8. Estas singulares figurillas (a veces llamadas "gente lagarto") eran populares en el comercio hacia el año 4000 a. C. Muchas de ellas, incluida ésta, se fabricaron en la ciudad de Ur, que era un importante centro comercial.

9. Esta primitiva ruta comercial llegaba hasta los montes Zagros. Más tarde, los mesopotámicos utilizaron más rutas comerciales a lo largo del Tigris, muchas de las cuales pasaban por Ashur (Asur).

10. Estas bobinas de plata se utilizaban como moneda. Formaban parte del complicado sistema de trueque, en el que podían cambiarse por productos más pesados, como la cebada.

El papel de los mercaderes en la sociedad mesopotámica

Tras una exitosa carrera, los mercaderes se convertían en personas muy influyentes en la sociedad mesopotámica, pero el camino hacia esta posición era exigente. Tenían que aprender a conseguir mercancías (lo que a veces significaba viajar mucho), llevarlas a los bazares y tratar con clientes que regateaban.

Los clientes eran comerciantes de otras regiones, a veces de tierras lejanas, que producían algo que no se podía encontrar en otros lugares. De las rutas terrestres, el comercio pasó a los barcos, ya que el Tigris y el Éufrates eran vías de transporte bastante prácticas.

Los comerciantes eran hábiles organizando, recopilando información, haciendo conexiones y, por último, pero no menos importante, llevando la contabilidad. Con el siempre complicado sistema de trueque, necesitaban tener magníficas habilidades matemáticas. Alternativamente, si un comerciante era propietario de su negocio, podía contratar escribas para llevar a cabo las tareas contables, y sólo tendría que centrarse en otros aspectos de su negocio.

Tras el trueque con fichas de arcilla, bobinas de metal y otros materiales fáciles de transportar, la invención de la moneda supuso un cambio muy bienvenido. Poder pagar algo con monedas facilitaba mucho el comercio (y la vida del comerciante).

Respuesta corta

1. El Tigris y el Éufrates proporcionaban recursos más que suficientes a los asentamientos cercanos. El sur de Mesopotamia, en particular, producía excedentes de productos agrícolas, y podía intercambiarlos por recursos de los que carecía la tierra (metales, madera, etc.).

2. Los comerciantes de larga distancia viajaban a ciudades lejanas, donde pagaban un impuesto a los administradores de la ciudad. A cambio, podían vivir en una ciudad durante un breve período y comerciar con los lugareños y los mercaderes que llegaban de otros territorios.

3. El comercio local permitía a la gente del campo comprar herramientas fabricadas en la ciudad y a la gente de la ciudad comprar alimentos fabricados por la gente del campo.

4. Para el comercio por tierra, los mesopotámicos utilizaban animales y éstos tiraban de trineos. En el agua, transportaban mercancías mediante embarcaciones impulsadas por remos o veleros.

5. El pavimento era inexistente, por lo que los comerciantes tendrían que viajar por caminos de tierra. No tenían puentes para cruzar el agua, por lo que tendrían que dar un rodeo, lo que significaba perder un tiempo precioso. Podían intentar cruzar el agua en un transbordador, pero esto seguía significando perder tiempo desmontando y desembalando los carros. Si no querían perder tiempo, alquilarían barcos, lo que resultaba costoso. También tendrían que temer a los ladrones o contratar a guardias de seguridad para que los acompañaran.

6. Cuando Sargón estableció el Imperio acadio y reunió a todas las ciudades-estado bajo una administración unificada, eliminó la rivalidad entre las ciudades. Los precios y las prácticas comerciales se estandarizaron, asegurando un comercio justo e iguales oportunidades de crecimiento para todas las regiones.

7. El comercio comenzó a prosperar bajo el gobierno de Shulgi. Shulgi de Ur estandarizó el cronometraje del tiempo, el calendario, los pesos y las medidas, lo que permitió que el comercio funcionara uniformemente en todas las partes de su reino.

8. Cuando los amorreos llegaron al poder y tomaron el control del comercio, todo era un poco caótico (los amorreos vivían en pequeños asentamientos y sus prácticas comerciales eran poco constantes). Como rey acadio, Hammurabi conquistó y unificó los asentamientos y estableció de nuevo un sistema cohesionado.

9. Entre 1500 y 1200 a. C., el Club de las Grandes Potencias supervisaba y regulaba el comercio internacional. El club incluía a Asiria, Alashiya, Arzawa, Babilonia, Egipto, Hatti (reino de los hititas) y Mitanni.

10. Cuantas más mercancías empezaron a comerciar los mercaderes, más complicado se volvió el sistema de trueque. Granos, figuras de arcilla, metales preciosos y otros bienes se utilizaban como fichas, y llevar la cuenta de todo eso consumía mucho tiempo. Algunos creen que era más fácil anotar lo que alguien compraba y vendía hasta que lo pagaba que recordar las combinaciones del trueque.

Capítulo 10: El legado de Mesopotamia y su influencia en el mundo moderno

Puede que su historia tenga miles de años, pero Mesopotamia tuvo sin duda una enorme influencia en el mundo moderno. Los inventos, las soluciones innovadoras y los descubrimientos mesopotámicos conformaron la evolución de las ideas modernas sobre la ciencia y la vida cotidiana o pasaron a formar parte de éstas.

El derecho moderno, en el que la presunción de inocencia es un hecho, y los hallazgos astronómicos contemporáneos están ligados a hallazgos mesopotámicos. Volviendo a los primeros tiempos, el sistema de irrigación o la escritura que dio paso a las ideas fue un peldaño que condujo a la evolución de las sociedades modernas.

Los ejemplos anteriores son sólo algunas de las formas en que Mesopotamia influyó en las civilizaciones modernas. En este capítulo, podrá poner a prueba sus conocimientos sobre las influencias mesopotámicas contemporáneas en la ciencia, el arte, la arquitectura y mucho más.

Preguntas de opción múltiple

1. ¿Qué concepto matemático moderno se originó en la antigua Mesopotamia?

    A. El concepto de cero

    B. La hora de 60 minutos

    C. Álgebra

    D. Contabilidad

2. ¿Qué calendario mesopotámico influyó en los calendarios modernos?

    A. Babilónico

    B. Lunar

    C. Calendario pentecostal

    D. Calendario de la Umma

3. ¿Qué disciplina matemática moderna se vio más influida por los descubrimientos científicos mesopotámicos?

    A. Topología

    B. Álgebra

    C. Geometría

    D. Aritmética

4. ¿Qué invento mesopotámico creó los cimientos de asentamientos y sociedades estables?

    A. Escritura

    B. Riego

    C. Sistemas de transporte

    D. Dinero

5. Además de los recursos necesarios, ¿qué otras cosas comerciaban los mesopotámicos con sus vecinos?

    A. Experiencia

    B. Trabajadores cualificados

    C. Esclavos

    D. Soluciones tecnológicas

6. ¿Qué invento mesopotámico sentó las bases de los sistemas monetarios modernos?

   A. Dinero

   B. Sistema de trueque

   C. Pesos y medidas normalizados

   D. Normas comerciales estandarizadas

7. ¿Qué invento mesopotámico revolucionó el comercio y el transporte en todo el mundo?

   A. Comercio por agua

   B. Comercio por tierra

   C. Carros

   D. Rueda

8. El enfoque mesopotámico de la salud fue olvidado a lo largo de la historia, pero ha resurgido en el último siglo. ¿Cómo se llama este enfoque?

   A. Curación natural

   B. Curación holística

   C. Curación con hierbas

   D. Curación transformadora

9. ¿Qué problemas muy modernos afrontaron y resolvieron los mesopotámicos en sus entornos urbanos?

   A. Congestión

   B. Gestión de residuos

   C. Dispersión de recursos

   D. Crimen

10. ¿Qué invento mesopotámico transformó la guerra?

   A. Rueda

   B. Arco compuesto

   C. Cascos metálicos

   D. Hacha de batalla

Verdadero o falso

1. El sistema numérico mesopotámico de base 60 se sigue utilizando hoy en día para medir el tiempo y los ángulos.

   - Verdadero
   - Falso

2. La escritura cuneiforme influyó notablemente en los métodos de comunicación.

   - Verdadero
   - Falso

3. Los mesopotámicos no eran astrónomos expertos.

   - Verdadero
   - Falso

4. La arquitectura mesopotámica inspiró el arte moderno y el diseño arquitectónico.

   - Verdadero
   - Falso

5. El arte mesopotámico no tuvo mucho impacto en las culturas modernas.

   - Verdadero
   - Falso

6. Los mitos y cuentos mesopotámicos contienen muy pocas pistas sobre el mundo antiguo.

   - Verdadero
   - Falso

7. Mesopotamia fue una de las primeras civilizaciones en desarrollar un sistema de comercio más allá de sus fronteras.

   - Verdadero
   - Falso

8. El gobierno mesopotámico era completamente monárquico.

   - Verdadero
   - Falso

9. La planificación urbana mesopotámica se centraba en la sostenibilidad y el uso eficiente de los recursos disponibles.

- Verdadero
- Falso

10. En la antigüedad, Mesopotamia fue un importante centro de aprendizaje y educación.

- Verdadero
- Falso

Rellene el espacio en blanco

1. El Código _____, uno de los códigos jurídicos más antiguos, influyó en los sistemas jurídicos modernos.

2. La _____ sigue influyendo en la literatura y la narrativa contemporáneas.

3. Los mesopotámicos realizaron avances significativos en los campos de _____, que han repercutido en las disciplinas modernas.

4. La agricultura moderna utiliza sistemas de _____ y _____ similares a los que utilizaban los mesopotámicos en los campos situados entre el Tigris y el Éufrates.

5. El alfabeto _____, que evolucionó a partir de la escritura _____, fue el prototipo del alfabeto utilizado en muchas lenguas actuales.

6. Muchos relatos bíblicos, como la historia del _____, tienen paralelismos en la tradición mesopotámica, lo que refleja valores culturales compartidos.

7. El concepto de _____, donde la vida está regulada por _____, se remonta a la civilización mesopotámica.

8. Muchos principios de la antigua medicina mesopotámica, incluido el proceso de _____ y el uso de _____, pueden encontrarse en las prácticas sanitarias modernas.

9. El desarrollo en Mesopotamia de infraestructuras urbanas, canales, edificios, carreteras y rutas comerciales son ejemplos tempranos de _____.

10. El poder de la _____ fue otro legado mesopotámico para las sociedades modernas.

Preguntas sobre las imágenes

1. Identifique la influencia arquitectónica mesopotámica en esta estructura moderna.

Imagen 91

Respuesta:

_____

_____

_____

2. ¿Este sistema numérico mesopotámico se utilizaba antes o después de la invención del cero?

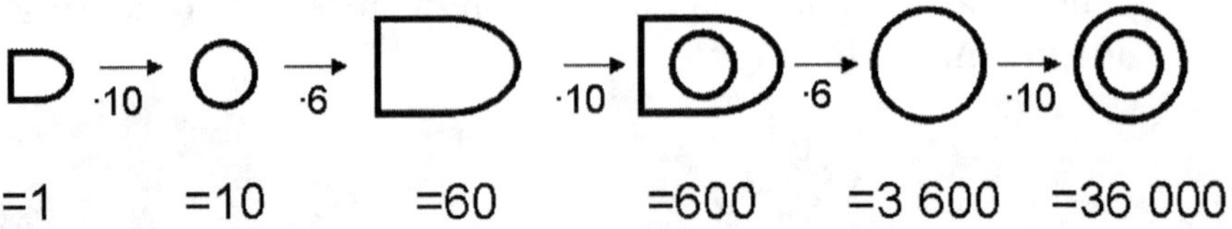

=1   =10   =60   =600   =3 600   =36 000

Imagen 92

Respuesta:

_____

_____

_____

3. Las pinturas de esta vasija están relacionadas con una antigua historia que originalmente se titulaba *El que vio las profundidades*. ¿Cuál es el nombre moderno de esta historia?

Imagen 93

Respuesta:

_____

_____

_____

4. ¿En qué cree que se inspiró este pintor moderno?

Imagen 94

Respuesta:

_____

_____

_____

5. Nombre a este artista inspirado en el antiguo arte mesopotámico.

Imagen 95

Respuesta:

_____

_____

_____

6. Nombre este antiguo diccionario religioso que influyó en muchas ideas religiosas, textos y culturas posteriores.

Imagen 96

Respuesta:

_____

_____

_____

7. Criaturas como ésta aparecen a menudo en el arte moderno, desde cuadros hasta joyas y adornos. ¿Dónde más han aparecido?

Imagen 97

Respuesta:

_____

_____

_____

8. ¿Qué constelación identificaban los mesopotámicos?

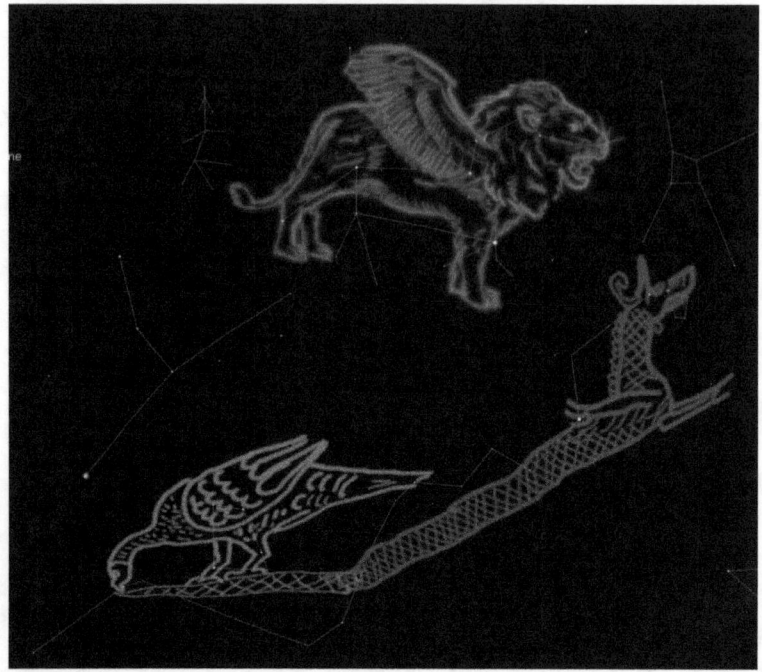

Imagen 98

Respuesta:

_____

_____

_____

9. Esta imagen muestra el funcionamiento básico de un pozo profundo moderno utilizado en la agricultura. ¿En qué se inspiró este sistema?

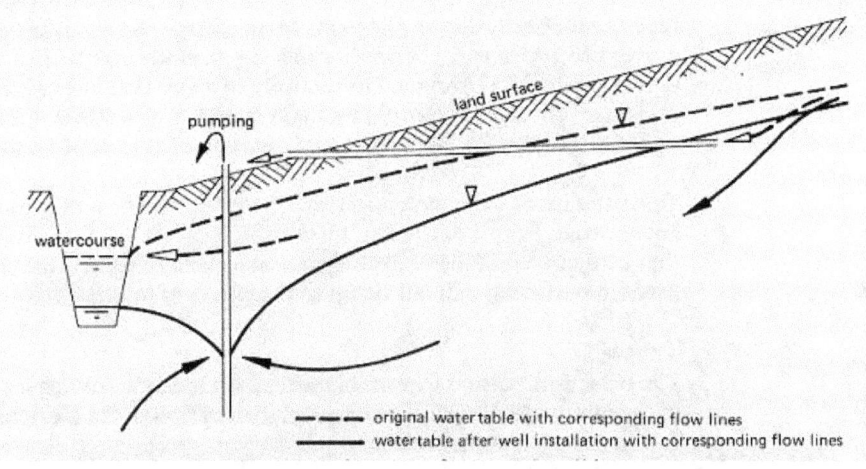

Imagen 99

Respuesta:

_____

_____

_____

10. Sin los mesopotámicos, edificios como éste no existirían. ¿Por qué?

Imagen 100

Respuesta:

_____

_____

_____

Respuesta corta

1. ¿Cómo ha influido la mitología mesopotámica en la literatura y en los medios de comunicación modernos?

_____

_____

_____

2. ¿Cómo ha influido el comercio mesopotámico en la economía moderna?

_____

_____

_____

3. ¿Qué papel desempeñó el concepto mesopotámico de gobierno en el desarrollo de una sociedad estable?

_____

_____

_____

4. ¿Cómo influyó la tecnología mesopotámica en la tecnología moderna?

_____

_____

_____

5. Los mesopotámicos hicieron importantes aportaciones a la medicina. ¿Cómo?

_____

_____

_____

6. ¿Qué lecciones pueden enseñar a las sociedades modernas la capacidad de los mesopotámicos para adaptarse a su entorno?

_____

_____

_____

7. ¿Cómo ha influido Mesopotamia en la educación moderna?

_____

_____

_____

8. Discuta el efecto de los avances tecnológicos mesopotámicos en la vida moderna.

_____

_____

_____

9. Cuando los mesopotámicos se asentaron junto a los ríos, tuvieron que aprender mucho más que a cultivar sus alimentos. ¿Qué más cree que tuvieron que aprender?

_____

_____

_____

10. ¿Cómo enseñaron los mesopotámicos al mundo a llevar registros?

_____

_____

_____

Clave de respuestas

Preguntas de opción múltiple

1. A. El concepto de cero era desconocido antes de los mesopotámicos. Con un profundo respeto por la naturaleza y dioses amantes del orden, los mesopotámicos idearon el concepto de que podía ser cualquier cosa, desde nada hasta todo.

2. B. El calendario lunar, en el que se basan los calendarios modernos, se desarrolló a partir de las observaciones mesopotámicas de los ciclos lunares.

3. C. Los mesopotámicos crearon conceptos matemáticos complejos, incluido el sistema numérico de base 60, que se utiliza en geometría.

4. B. El riego permitió a los antiguos pobladores cultivar y alimentar a sus animales. Así pudieron pasar de un estilo de vida nómada de cazadores-recolectores a una sociedad estable en la que la gente permanecía y construía su futuro en el mismo lugar.

5. D. Mesopotamia "tomó prestadas" muchas soluciones tecnológicas de sus vecinos, y viceversa. Al intercambiar sus tecnologías innovadoras, las distintas civilizaciones contribuyeron al crecimiento de las demás, ayudando a dar forma a las sociedades futuras.

6. A. y C. El dinero y los pesos y medidas estandarizados fueron cruciales para el desarrollo de los sistemas comerciales y monetarios modernos.

7. D. La rueda fue uno de los inventos más transformadores de la historia de la humanidad. El principio mesopotámico de la rueda se sigue utilizando en la tecnología de los vehículos modernos.

8. B. Los mesopotámicos tenían un enfoque holístico de la salud, que integraba el bienestar físico y espiritual, similar a los enfoques populares de la medicina alternativa.

9. A. La congestión (a la que se enfrentan muchas ciudades modernas) era un problema nuevo y muy grave para los mesopotámicos en las ciudades de rápido crecimiento. Cuantas más personas se trasladaban a ciudades más grandes, más espacio había que crear para ellas.

10. B. El arco compuesto fue un invento importante en la guerra mesopotámica. En la antigüedad, el impacto de su introducción en la guerra fue similar al primer uso de la pólvora en las armas

modernas. Fue una solución innovadora que inspiró muchas técnicas nuevas para las futuras generaciones de la guerra.

Verdadero o falso

1. Verdadero. El sistema sexagesimal, desarrollado en el 3100 a. C., sigue utilizándose hoy en día. Se modificó ligeramente para adaptarlo a los principios actuales, pero sigue siendo una excelente forma de medir ángulos y tiempo.

2. Verdadero. Muchas civilizaciones adoptaron la escritura cuneiforme y la utilizaron para transmitir su lengua y sus ideas. Fue un trampolín para la evolución de la comunicación a lo largo de los muchos milenios posteriores.

3. Falso. Los mesopotámicos eran grandes astrónomos. Su catálogo de estrellas y otros objetos celestes ayudó a los científicos modernos a cartografiar los cielos y a realizar importantes descubrimientos en el sistema solar.

4. Verdadero. Los zigurats increíblemente altos y los jardines que requirieron mucha imaginación e ingenio para su construcción y mantenimiento son sólo algunas de las maravillas arquitectónicas mesopotámicas que dejan asombrados incluso a los artistas y constructores modernos.

5. Falso. La cerámica, los relieves y las esculturas mesopotámicas muestran una creatividad increíble, que influyó en los artistas de todas las culturas.

6. Falso. La sabiduría popular mesopotámica tiene muchas pistas sobre las civilizaciones antiguas. Además, es un acervo compartido por las civilizaciones modernas, que ayuda a explicar misterios e innovaciones que a menudo se producían a pasos agigantados.

7. Verdadero. Al entablar relaciones comerciales con las regiones vecinas, Mesopotamia fue una de las primeras civilizaciones en desarrollar un sistema de comercio más allá de sus fronteras.

8. Falso. Aunque las sociedades mesopotámicas eran en gran medida monárquicas, estaban presentes algunos elementos de los principios democráticos, como los consejos de ancianos y las asambleas. Estas primeras formas de toma de decisiones colectiva proporcionaron un modelo para los sistemas democráticos posteriores.

9. Verdadero. La razón del éxito del crecimiento y desarrollo de los mesopotámicos es su eficiente planificación urbana. Se centraron en

la sostenibilidad y el uso razonable de los recursos disponibles. A través del comercio, aumentaron los últimos recursos disponibles, pero los mesopotámicos siguieron centrándose en evitar el uso excesivo.

10. Verdadero. Mesopotamia fue un importante centro de aprendizaje y educación. Crearon escuelas y fomentaron la educación, sobre todo de los escribas, sentando las bases de los sistemas educativos modernos.

Rellene el espacio en blanco

1. El Código de <u>Hammurabi</u>, uno de los códigos legales más antiguos, influyó en los sistemas jurídicos modernos.

2. La <u>*Epopeya de Gilgamesh*</u> sigue influyendo en la literatura y la narrativa contemporáneas.

3. Los mesopotámicos realizaron avances significativos en los campos de <u>la ciencia</u>, que han repercutido en las disciplinas modernas.

4. La agricultura moderna utiliza sistemas de <u>canales</u> y <u>diques</u> similares a los que utilizaban los mesopotámicos en los campos situados entre el Tigris y el Éufrates.

5. El alfabeto <u>fenicio</u>, que evolucionó a partir de la escritura <u>cuneiforme</u>, fue el prototipo del alfabeto utilizado en muchas lenguas actuales.

6. Muchos relatos bíblicos, como la historia del <u>Diluvio Universal</u>, tienen paralelismos en la tradición mesopotámica, lo que refleja valores culturales compartidos.

7. El concepto de <u>Estado soberano,</u> donde la vida está regulada por <u>leyes</u>, se remonta a la civilización mesopotámica.

8. Muchos principios de la antigua medicina mesopotámica, incluido el proceso de <u>diagnóstico único</u> y el uso de <u>remedios naturales</u>, pueden encontrarse en las prácticas sanitarias modernas.

9. El desarrollo en Mesopotamia de infraestructuras urbanas, canales, edificios, carreteras y rutas comerciales son ejemplos tempranos de <u>planificación urbana</u>.

10. El poder de la <u>comunidad</u> fue otro legado mesopotámico para las sociedades modernas.

Preguntas sobre las imágenes

1. Los diseñadores del Museo Guggenheim de Nueva York se inspiraron en el diseño de los zigurats, incluidos los empinados escalones del trazado arquitectónico exterior.

2. Este sistema numérico fue utilizado por los sumerios antes de la invención del cero. En esta escritura cuneiforme primitiva, no tenían el signo, ni siquiera el concepto de cero (o nada, como lo llamaban).

3. El nombre con el que probablemente conozca esta historia es la *Epopeya de Gilgamesh.* Curiosamente, la vasija se encontró en una región fuera de Mesopotamia. Esto demuestra que la influencia de la mitología mesopotámica fue de gran alcance y que héroes como Gilgamesh eran y son conocidos en todo el mundo.

4. La pintora, Lydia Etheldreda Birch, se inspiró en la agricultura ribereña mesopotámica. El cuadro fue creado en 1875, más de 6 milenios después de que una escena como ésta probablemente ocurriera en la antigua Mesopotamia.

5. El artista iraquí Dia Azzawi a menudo se inspiraba en el arte y las letras de la antigua Mesopotamia para crear su obra. Es uno de los muchos artistas del movimiento de los Modernos Árabes que se inspiraron en las antiguas culturas de Oriente Próximo y Oriente Medio.

6. Se trata de la popular *Enciclopedia de la Biblia,* el diccionario que define y explica todos los términos religiosos, incluidos los temas biográficos, geográficos, históricos, arqueológicos y doctrinales.

7. Todas estas criaturas son seres híbridos mesopotámicos de los que se dice que tienen poderes increíbles y a veces una esencia divina. Aparecieron en tablillas de arcilla, inmortalizadas por los escribas y artistas mesopotámicos.

8. La constelación de la parte inferior de la imagen, la Serpiente-Musgo y un Cuervo, aparece representada en dos tablillas de arcilla babilónicas.

9. Muchos de los sistemas de riego modernos, incluido éste, se inspiraron en las técnicas de riego mesopotámicas.

10. El edificio está hecho de ladrillos, un invento mesopotámico. Aunque los ladrillos modernos ya no están hechos de bloques de arcilla secados al aire, siguen siendo un elemento crucial de la arquitectura.

Respuesta corta

1. La mitología mesopotámica influyó en la literatura de otras civilizaciones de la antigüedad. Todas ellas (incluidos los mitos mesopotámicos originales) siguieron inspirando a los escritores modernos para crear piezas únicas. La literatura y los medios de comunicación modernos se remontan a menudo a los relatos de dioses y héroes antiguos, utilizándolos como ejemplos de valentía y crecimiento.

2. Mesopotamia prosperó con un modelo de economía de mercado, en el que se podían intercambiar dioses y servicios. Esto implicaba a menudo complejas interacciones económicas, que han evolucionado lentamente hasta convertirse en los sistemas económicos y monetarios contemporáneos.

3. Desde el Imperio acadio en adelante, el concepto mesopotámico de gobierno se basaba en un poder centralizado. El gobierno unificado no sólo definía las fronteras (otro concepto útil para las sociedades modernas), sino que también eliminaba las rivalidades entre las ciudades bajo el mismo gobierno.

4. El legado de la tecnología mesopotámica es evidente en diversos campos. Desde la rueda hasta las complejas técnicas arquitectónicas, estas antiguas innovaciones se han desarrollado y perfeccionado a lo largo de milenios, dando lugar a las avanzadas tecnologías que utilizamos hoy en día.

5. Los mesopotámicos utilizaban minerales y hierbas para tratar enfermedades y a menudo registraban sus tratamientos. Realizaban cirugías sencillas, que también registraban. Sus registros y conocimientos sentaron las bases de la literatura médica moderna.

6. Los mesopotámicos eran maestros de la adaptación. Crearon una civilización en una región muy seca y carente de recursos (que se fue haciendo aún más seca con el paso del tiempo) simplemente aprendiendo a utilizar los recursos que tenían. En los tiempos modernos, en los que la gente se enfrenta a la desaparición de los recursos, estudiar cómo se adaptaron las civilizaciones antiguas puede ayudar a encontrar soluciones para una vida sostenible.

7. Los mesopotámicos sentían pasión por la investigación, el aprendizaje estructurado y, afortunadamente para las generaciones modernas, la conservación del conocimiento en bibliotecas. Esto también ha influido en los sistemas educativos contemporáneos, en

los que se anima a la gente a perseguir el conocimiento y preservarlo para los demás.

8. La vida moderna consiste en hacer la vida más sencilla y mejor. Éste es el mismo principio por el que se regían los mesopotámicos. Cada uno de sus inventos pretendía mejorar algo y hacer mejor la vida de la gente. La generación siguiente se inspiró en estos esfuerzos e hicieron los suyos para seguir creando un mundo mejor, al igual que hace la gente hoy en día.

9. Además de cultivar alimentos, los mesopotámicos también tuvieron que aprender a almacenarlos. Después de todo, era la primera vez que tenían que almacenar una cantidad mayor de la que podían transportar para un viaje más largo.

10. Al dominar las operaciones matemáticas básicas, los mesopotámicos aprendieron a llevar registros precisos de todo. Transmitieron sus conocimientos a las generaciones futuras, dando lugar a una innovación transformadora en el mantenimiento de registros.

El impacto duradero de los mitos y relatos mesopotámicos

Como muchos otros saberes antiguos, los mitos e historias mesopotámicos se basan en temas religiosos. Sin embargo, las deidades que aparecen en la mitología mesopotámica son mucho más diversas.

Basándose en los hallazgos arqueológicos de textos, imágenes talladas y piezas de arte vinculadas a sus leyendas, la mitología de Mesopotamia muestra una parte mucho mayor de una herencia compartida. En el apogeo del Imperio babilónico, Mesopotamia era un verdadero crisol de culturas. Sin embargo, el creciente panteón de deidades se mantenía vivo en mitos e historias al igual que cuando su número era menor.

Esta diversidad y legado inspiraron a muchos artistas, constructores e incluso científicos contemporáneos no sólo a indagar en el trasfondo de los mitos e historias, sino también a utilizarlos en sus propias creaciones.

Los aspectos religiosos de la mitología mesopotámica se adoptaron a menudo en otras religiones, donde siguieron viviendo y transmitiéndose de generación en generación. Por la misma razón, se pueden encontrar ideas, conceptos y explicaciones religiosas de los acontecimientos terrenales que suenan muy similares a los antiguos mitos mesopotámicos.

Conclusión

Mesopotamia es el lugar donde empezó todo. En el valle entre dos ríos se pusieron los cimientos de la civilización moderna. Los cazadores-recolectores se asentaron, sembraron y trajeron el agua a la tierra seca.

Esta tierra seca se convirtió en la cuna de civilizaciones basadas en la agricultura, la innovación y la imaginación. A medida que sus comunidades crecían, también lo hacían sus prósperas granjas y, más tarde, sus yacimientos. Al producir más de lo que podían utilizar de algunas cosas y no disponer de otros recursos esenciales, pensaron: "¿Por qué no empezar a intercambiar lo que tenemos por lo que necesitamos?"

Así fue como se inventó el comercio y más tarde la escritura. Con tantos tratos de los que llevar la cuenta, los anticuados dibujos ya no servían. Así llegó la escritura cuneiforme, la revolucionaria forma de escritura que servía para mucho más que para comerciar.

Desgraciadamente, el comercio también provocó los primeros conflictos y posteriores guerras en Mesopotamia: todos querían tener acceso a las mejores rutas comerciales. Los asentamientos y las ciudades-estado de la primera civilización oficial no siempre se llevaron bien, y el hecho de tener reglas y métodos de comercio diferentes tampoco ayudó.

Sargón, el fundador de la primera dinastía del mundo, lo cambió todo. Liderando todas las antiguas ciudades-estado que pudo conquistar bajo el nombre de su ciudad natal (los acadios), construyó un imperio como nunca antes se había visto. Siguiendo sus pasos, sus sucesores mantuvieron el orden de la misma manera.

Otros reyes tuvieron enfoques ligeramente diferentes pero resultados similares. Construyeron un imperio más fuerte y más grande hasta que fueron derrotados. No obstante, cada uno de estos imperios amasó riquezas, conocimientos y habilidades que ayudaron a la civilización mesopotámica a crecer y dejar un legado duradero.

En medio de conflictos y conquistas, los mesopotámicos llegaron a inventos transformadores, como la rueda, el arco compuesto, los cascos metálicos, las poderosas hachas y las tácticas militares únicas. Junto con la escritura, estos inventos también han derivado en usos contemporáneos.

La vida cotidiana en la antigua Mesopotamia era cualquier cosa menos aburrida, aunque a menudo dependía del estatus social de la persona. No todo el mundo podía permitirse tiempo de ocio o recibir una educación. Sin embargo, los que recibieron educación crearon un gran número de registros que ayudaron a descubrir la matizada diversidad cultural, religiosa e ideológica que gobernaba la región.

Se establecieron leyes, se cambiaron y se volvieron a establecer hasta que finalmente se asemejaron a las utilizadas en los sistemas jurídicos modernos. El sistema monetario también tiene sus raíces en las antiguas prácticas mesopotámicas. Desde el trueque hasta los sistemas de fichas y la primera moneda, el comercio pasó por muchas fases, pero finalmente nació el concepto de dinero, que llegó para quedarse.

Lo mismo puede decirse de los descubrimientos científicos, la medicina o las matemáticas. Desde el sistema con base 60 hasta el concepto de cero, los pueblos modernos tienen mucho que agradecer a los mesopotámicos.

Tras leer este libro, habrá aprendido sobre todos estos hitos y acontecimientos, acumulando un tesoro de información sobre la colorida civilización mesopotámica. También ha visto cómo influyeron en las sociedades modernas, la cultura, el arte y mucho más.

Gracias por terminar este libro y felicidades por toda la información curiosa que ha aprendido. Esperamos que se haya divertido mucho con las preguntas de la trivia. Si es así, no olvide compartir su alegría con los demás.

Mira otro libro de la serie

Referencias

admin. (2024, February 13). Mesopotamia's Legacy: Shaping Today's World. SOCIALSTUDIESHELP.COM. https://socialstudieshelp.com/mesopotamias-legacy-shaping-todays-world/

Ancient Mesopotamian Gods and Goddesses List of deities. (2019). Upenn.edu. http://oracc.museum.upenn.edu/amgg/listofdeities/

Andrée Herdner. (1950). Samuel Noah Kramer. – Schooldays: A Sumerian Composition relating to the Education of a Scribe. Syria. Archéologie, Art et Histoire, 27(3), 366–366.

Basic misconceptions about Mesopotamian mythology. (2019). Tumblr. https://yamayuandadu.tumblr.com/post/690421729604059136/basic-misconceptions-about-mesopotamian-mythology

Butt, A., Tabassum, P., & Saeed Imran, F. (2023). EXPLORING THE MESOPOTAMIAN TRADE (C.6000-539 BCE): TYPES, ORGANIZATION, AND EXPANSION. Palarch's Journal of Archaeology of Egypt/Egyptology, 20(1), 241–261.

Cartwright, M. (2018, July 27). Hanging Gardens of Babylon. World History Encyclopedia. https://www.worldhistory.org/Hanging_Gardens_of_Babylon/

Cataliotti, J. (2019). Mesopotamian Trade Routes & Transportation | Study.com. Study.com. https://study.com/academy/lesson/mesopotamian-trade-routes-transportation.html

Ducksters. (2019a). Ancient Mesopotamia: Daily Life. Ducksters.com. https://www.ducksters.com/history/mesopotamia/daily_life_in_mesopotamia.php

Ducksters. (2019b). Ancient Mesopotamia: Famous Rulers of Mesopotamia. Ducksters.com.

https://www.ducksters.com/history/mesopotamia/famous_rulers_of_ancient_mesopotamia.php

Hays, J. (2023). Ancient Mesopotamian Deities: Evolution, Meaning, Images | Middle East And North Africa – Facts and Details. Factsanddetails.com. https://africame.factsanddetails.com/article/entry-48.html

History for Kids. (2020). Daily Life of Mesopotamia Facts for Kids. History for Kids. https://www.historyforkids.net/daily-life-of-mesopotamia.html

History on the Net. (2014, September 19). Mesopotamia Trade: Merchants and Traders. History on the Net; Salem Media. https://www.historyonthenet.com/mesopotamia-trade-and-merchants

HISTORY.COM EDITORS. (2018, August 21). Mesopotamia. History; A&E Television Networks. https://www.history.com/topics/ancient-middle-east/mesopotamia

Irrigation System in Ancient Mesopotamia. (2023). https://www.athensjournals.gr/reviews/2023-5687-AJHIS.pdf

Khan Academy. (2019). Cuneiform. Khan Academy; Khan Academy. https://www.khanacademy.org/humanities/ancient-art-civilizations/ancient-near-east1/the-ancient-near-east-an-introduction/a/cuneiform

Khan Academy. (n.d.). Ancient Mesopotamian civilizations (article). Khan Academy. https://www.khanacademy.org/humanities/world-history/world-history-beginnings/ancient-mesopotamia/a/mesopotamia-article

Kiger, P. J. (2020, November 10). How Mesopotamia Became the Cradle of Civilization. History; A&E Television Networks. https://www.history.com/news/how-mesopotamia-became-the-cradle-of-civilization

Kordas, A., Lynch, R. J., Nelson, B., & Tatlock, J. (2023, April 19). 3.2 Ancient Mesopotamia - World History Volume 1, to 1500 | OpenStax. Openstax.org. https://openstax.org/books/world-history-volume-1/pages/3-2-ancient-mesopotamia

Legacy of Mesopotamia and Its Greatest Influence on Modern Civilization - Free Essay Example - Edubirdie. (2023). Edubirdie. https://edubirdie.com/examples/legacy-of-mesopotamia-and-its-greatest-influence-on-modern-civilization/

Mark, J. (2011a, February 23). Inanna's Descent: A Sumerian Tale of Injustice. World History Encyclopedia. https://www.worldhistory.org/article/215/inannas-descent-a-sumerian-tale-of-injustice/

Mark, J. (2011b, February 25). The Mesopotamian Pantheon. World History Encyclopedia. https://www.worldhistory.org/article/221/the-mesopotamian-pantheon/

Mark, J. (2014, April 15). Daily Life in Ancient Mesopotamia. World History Encyclopedia; World History Encyclopedia. https://www.worldhistory.org/article/680/daily-life-in-ancient-mesopotamia/

Mark, J. (2018, May 2). Assyrian Warfare. World History Encyclopedia. https://www.worldhistory.org/Assyrian_Warfare/

Mark, J. (2022, November 17). Cuneiform. World History Encyclopedia. https://www.worldhistory.org/cuneiform/

Mark, J. J. (2022, November 22). Trade in Ancient Mesopotamia. World History Encyclopedia. https://www.worldhistory.org/article/2114/trade-in-ancient-mesopotamia/

Mark, J. J. (2023a, February 13). Mesopotamian Warfare. World History Encyclopedia. https://www.worldhistory.org/Mesopotamian_Warfare/

Mark, J. J. (2023b, February 22). Mesopotamian Art and Architecture. World History Encyclopedia. https://www.worldhistory.org/Mesopotamian_Art_and_Architecture

Mrdonn. (2019). Ancient Mesopotamia Commerce and Money - Mesopotamia for Kids. Mrdonn.org. https://mesopotamia.mrdonn.org/commerce.html

Nedelcu, J. (2024). Mesopotamian Irrigation. http://www.giftednassau.com/uploads/1/0/1/4/101418208/mesopotania_irrigation.pdf

Popova, M. (2017, February 2). The Invention of Zero: How Ancient Mesopotamia Created the Mathematical Concept of Nought and Ancient India Gave It Symbolic Form. The Marginalian; The Marginalian. https://www.themarginalian.org/2017/02/02/zero-robert-kaplan

Rattini, K. (2019a, April 22). Hammurabi—facts and information. Culture. https://www.nationalgeographic.com/culture/article/hammurabi

Rattini, K. (2019b, June 18). King Sargon of Akkad—facts and information. Culture. https://www.nationalgeographic.com/culture/article/king-sargon-akkad

Salem Media. (2024, August 7). Daily Life in a Mesopotamian City: What Exactly Was It Like?" History on the Net © 2000-2024. https://www.historyonthenet.com/daily-life-in-a-mesopotamian-city

Spar, I. (2019). Gilgamesh. Metmuseum.org. https://www.metmuseum.org/toah/hd/gilg/hd_gilg.htm

Terradas, J. (2018, August 21). Still between the Tigris and the Euphrates - Blog CREAF. Creaf Blog. https://blog.creaf.cat/en/knowledge/still-between-the-tigris-and-the-euphrates/

van der Crabben, J. (2023, June 12). World History Encyclopedia. World History Encyclopedia. https://www.worldhistory.org/collection/167/mesopotamia-agriculture--innovations/

What is the Architecture of Mesopotamia? | Design Ideas for the Built World. (2017, November 8). Design Ideas for the Built World. Design Ideas for the Built World. https://caddetailsblog.com/post/what-is-the-architecture-of-mesopotamia

Where is The North. (2024). Architecture of Mesopotamia- Characteristics With Case Studies. Whereisthenorth.com. https://www.whereisthenorth.com/article/architecture-of-mesopotamia--characteristics-with-case-studies

Woods, C. (2024). Writing and Literature: Before Islam, Christopher Woods. Uchicago.edu. http://teachmiddleeast.lib.uchicago.edu/historical-perspectives/writing-and-literature/before-islam/framing-the-issues/issue-02.html

Referencias de imágenes

[1] Osama Shukir Muhammed Amin FRCP(Glasg), CC BY-SA 4.0
<https://creativecommons.org/licenses/by-sa/4.0>, vía Wikimedia Commons:
https://commons.wikimedia.org/wiki/File:Summary_account_of_silver_for_the_governor,_c._2500
_BCE._By_this_stage_of_cuneiform_writing,_the_reed_strokes_are_fully_wedge-
shaped_and_the_writing_could_convey_the_Sumerian_language_in_full._Probably_from_Shurup
pak_(Tell_Fara),_Iraq.jpg

[2] Osama Shukir Muhammed Amin FRCP(Glasg), CC BY-SA 4.0
<https://creativecommons.org/licenses/by-sa/4.0>, vía Wikimedia Commons:
https://commons.wikimedia.org/wiki/File:Sumerian_votive_wall_plaque_with_3_registers_and_a_c
uneiform_text,_from_Khafajah,_Iraq,_c._2600-2370_BCE._Iraq_Museum.jpg

[3] Hardnfast, CC BY 3.0 <https://creativecommons.org/licenses/by/3.0>, vía Wikimedia Commons:
https://commons.wikimedia.org/wiki/File:Ancient_ziggurat_at_Ali_Air_Base_Iraq_2005.jpg

[4] El uploader original fue Jolle en Wikipedia en catalán., CC BY-SA 3.0
<http://creativecommons.org/licenses/by-sa/3.0/>, vía Wikimedia Commons:
https://commons.wikimedia.org/wiki/File:Sharkalisharri.png

[5] Classical Numismatic Group, Inc. http://www.cngcoins.com, CC BY-SA 3.0
<http://creativecommons.org/licenses/by-sa/3.0/>, vía Wikimedia Commons:
https://commons.wikimedia.org/wiki/File:KINGS_of_MACEDON._Alexander_III_%27the_Great
%27._336-323_BC.jpg

[6] Mapa_Tercera_Dinastia_de_Ur.svg: Crear obra derivada: Chaim El Bipolar, CC BY-SA 3.0
<https://creativecommons.org/licenses/by-sa/3.0>, vía Wikimedia Commons:
https://commons.wikimedia.org/wiki/File:Map_of_Ur_III.svg

[7] Enyavar, CC BY-SA 4.0 <https://creativecommons.org/licenses/by-sa/4.0>, vía Wikimedia
Commons: https://commons.wikimedia.org/wiki/File:Ancient_Near_East_1600BC.svg

[8] https://commons.wikimedia.org/wiki/File:Nimrud_-_Assyrian_helmets.png

[9] Osama Shukir Muhammed Amin FRCP(Glasg), CC BY-SA 4.0 <https://creativecommons.org/licenses/by-sa/4.0>, vía Wikimedia Commons: https://commons.wikimedia.org/wiki/File:Sargon_II,_Iraq_Museum_in_Baghdad.jpg

[10] Fredarch, CC BY-SA 3.0 <http://creativecommons.org/licenses/by-sa/3.0/>, vía Wikimedia Commons: https://commons.wikimedia.org/wiki/File:Nineveh_Adad_gate_exterior_entrance_far2.JPG

[11] Osama Shukir Muhammed Amin FRCP(Glasg), CC BY-SA 4.0 <https://creativecommons.org/licenses/by-sa/4.0>, vía Wikimedia Commons https://commons.wikimedia.org/wiki/File:God_Ea.jpg

[12] Museo Metropolitano de Arte, CC0, vía Wikimedia Commons https://commons.wikimedia.org/wiki/File:Standing_Male_Worshiper.jpg

[13] Fred Wierum, CC BY-SA 4.0 <https://creativecommons.org/licenses/by-sa/4.0>, vía Wikimedia Commons https://commons.wikimedia.org/wiki/File:Anzu_wyliei.jpg

[14] https://commons.wikimedia.org/wiki/File:Ashur_symbol_Nimrud.png

[15] https://commons.wikimedia.org/wiki/File:The_Pink_Fairy_Book_-_p113.png

[16] Roland E. Laffitte, CC BY-SA 4.0 <https://creativecommons.org/licenses/by-sa/4.0>, vía Wikimedia Commons https://commons.wikimedia.org/wiki/File:GU.AN.NA_RL.jpg

[17] https://commons.wikimedia.org/wiki/File:Marriage_of_Inanna_and_Dumuzi.png

[18] Osama Shukir Muhammed Amin FRCP(Glasg), CC BY-SA 4.0 <https://creativecommons.org/licenses/by-sa/4.0>, vía Wikimedia Commons https://commons.wikimedia.org/wiki/File:God_Enlil,_seated,_from_Nippur,_Iraq._1800-1600_BCE._Iraq_Museum.jpg

[19] https://commons.wikimedia.org/wiki/File:Fragment_Bau_Louvre_AO4572.jpg

[20] https://commons.wikimedia.org/wiki/File:Marduk_and_pet.svg

[21] Internet Archive Book Images, Sin restricciones, vía Wikimedia Commons https://commons.wikimedia.org/wiki/File:The_ancient_East_(1914)_(14594191287).jpg

[22] Astroskiandhike, CC BY-SA 4.0 <https://creativecommons.org/licenses/by-sa/4.0>, vía Wikimedia Commons: https://commons.wikimedia.org/wiki/File:Fertile_Crescent.svg

[23] https://commons.wikimedia.org/wiki/File:Hero_lion_Dur-Sharrukin_Louvre_AO19862.jpg

[24] رديف بلال, CC BY-SA 4.0 <https://creativecommons.org/licenses/by-sa/4.0>, vía Wikimedia Commons https://commons.wikimedia.org/wiki/File:%D8%A7%D9%87%D9%88%D8%A7%D8%B1_%D8%A7%D9%84%D8%B9%D8%B1%D8%A7%D9%82_._%D8%A7%D9%84%D8%AC%D8%A8%D8%A7%D9%8A%D8%B4_06.jpg

[25] https://commons.wikimedia.org/wiki/File:Ea_(babilonio)_-_EnKi_(sumerio).jpg

[26] https://commons.wikimedia.org/wiki/File:Place_V_1867_III_Plate_43_6_(extracto3).jpg

[27] Şenol zümrüt, CC BY-SA 4.0 <https://creativecommons.org/licenses/by-sa/4.0>, vía Wikimedia Commons https://commons.wikimedia.org/wiki/File:Hazar_G%C3%B6l%C3%BC_hazar_Baba_kayak_merkezinden_g%C3%B6r%C3%BCn%C3%BC.jpg

[28] No se proporciona autor legible por máquina. Kmusser supuesto (basado en reclamaciones de derechos de autor). CC BY-SA 2.5 <https://creativecommons.org/licenses/by-sa/2.5>, vía Wikimedia Commons https://commons.wikimedia.org/wiki/File:Tigr-euph_de.png

[29] Near_East_topographic_map-blank.svg: Sémhurderivative work: Zunkir, CC BY-SA 3.0 <https://creativecommons.org/licenses/by-sa/3.0>, vía Wikimedia Commons https://commons.wikimedia.org/wiki/File:Basse_Mesopotamie_DA.PNG

[30] GFDL, CC BY-SA 3.0 <https://creativecommons.org/licenses/by-sa/3.0>, vía Wikimedia Commons https://commons.wikimedia.org/wiki/File:Mesopotamia-Indus.jpg

[31] Museo Metropolitano de Arte, CC0, vía Wikimedia Commons https://commons.wikimedia.org/wiki/File:Cuneiform_tablet-_hymn_to_Marduk_MET_DP360674.jpg

[32] Mary Harrsch, CC BY 2.0 <https://creativecommons.org/licenses/by/2.0>, vía Wikimedia Commons https://commons.wikimedia.org/wiki/File:Babylonian_cuneiform_tablet_with_a_map_from_Nippur_1550-1450_BCE.jpg

[33] Museo Metropolitano de Arte, CC0, vía Wikimedia Commons https://commons.wikimedia.org/wiki/File:Cuneiform_tablet-_student_exercise_tablet_MET_DP360672.jpg

[34] Véase la página del autor, CC0, vía Wikimedia Commons https://commons.wikimedia.org/wiki/File:Ritual_scene_before_a_temple_facade_Late_Uruk_ca._3500%E2%80%933100_BCE.jpg

[35] Osama Shukir Muhammed Amin FRCP(Glasg), CC BY-SA 4.0 <https://creativecommons.org/licenses/by-sa/4.0>, vía Wikimedia Commons https://commons.wikimedia.org/wiki/File:Goddess_Nisaba_with_the_name_of_Entemena_in_cuneiform._From_Iraq,_2430_BCE._Pergamon_Museum.jpg

[36] Osama Shukir Muhammed Amin FRCP(Glasg), CC BY-SA 4.0 <https://creativecommons.org/licenses/by-sa/4.0>, vía Wikimedia Commons https://commons.wikimedia.org/wiki/File:A_replica_of_the_seated_statue_of_the_Sumerian_scribe_Dudu,_dedicated_to_god_Ningirsu._The_Sulaymaniyah_Museum.jpg

[37] Museo Británico, CC BY-SA 3.0 <https://creativecommons.org/licenses/by-sa/3.0>, vía Wikimedia Commons https://commons.wikimedia.org/wiki/File:Library_of_Ashurbanipal_synonym_list_tablet.jpg

[38] Museo Británico, CC BY-SA 3.0 <https://creativecommons.org/licenses/by-sa/3.0>, vía Wikimedia Commons https://commons.wikimedia.org/wiki/File:Royal_Game_of_Ur_rules.jpg

[39] Mefman00, CC0, vía Wikimedia Commons https://commons.wikimedia.org/wiki/File:Enheduanna,_daughter_of_Sargon_of_Akkad.jpg

[40] Internet Archive Book Images, Sin restricciones, vía Wikimedia Commons https://commons.wikimedia.org/wiki/File:Myths_and_legends_of_Babylonia_and_Assyria_(1916)_(14595422800).jpg

[41] Hamody al-Iraqi, CC BY-SA 4.0 <https://creativecommons.org/licenses/by-sa/4.0>, vía Wikimedia Commons https://commons.wikimedia.org/wiki/File:Ishtar_gate_2.jpg

[42] Osama Shukir Muhammed Amin FRCP(Glasg), CC BY-SA 4.0 <https://creativecommons.org/licenses/by-sa/4.0>, vía Wikimedia Commons https://commons.wikimedia.org/wiki/File:Detail._A_high-ranking_neo-Assyrian_official_wearing_a_diadem_(crown_prince%3F)._From_the_North-West_of_Ashurnasipal_II_at_Nimrud,_Iraq._883-859_BCE._Museum_of_the_Ancient_Orient,_Istanbul,_Turkey.jpg

[43] M.atkinson ross, CC BY-SA 4.0 <https://creativecommons.org/licenses/by-sa/4.0>, vía Wikimedia Commons https://commons.wikimedia.org/wiki/File:The_Sumerian_King_List,_Ashmolean_Museum,_Oxford.jpg

[44]   ꔄ, CC BY-SA 4.0 <https://creativecommons.org/licenses/by-sa/4.0>, vía Wikimedia Commons https://commons.wikimedia.org/wiki/File:Mebaragsi,_King_of_Kish_(transcription_of_fragment,_original_in_Iraq_National_Museum).jpg

[45] https://commons.wikimedia.org/wiki/File:Sumer.JPG

[46] Near_East_topographic_map-blank.svg: Sémhurderivative work: Zunkir, CC BY-SA 3.0 <https://creativecommons.org/licenses/by-sa/3.0>, vía Wikimedia Commons https://commons.wikimedia.org/wiki/File:Basse_Mesopotamie_DA.PNG

[47] Archivo: Near East topographic map-blank.svg: SémhurFile:Elam-map-PL.svg: W Kotwica Obra derivada: Morningstar1814, CC BY-SA 3.0 <https://creativecommons.org/licenses/by-sa/3.0>, vía Wikimedia Commons https://commons.wikimedia.org/wiki/File:Elam_Map-en.svg

[48] https://commons.wikimedia.org/wiki/File:Kubaba_relief.JPG

[49] Once In Awhile, CC BY-SA 4.0 <https://creativecommons.org/licenses/by-sa/4.0>, vía Wikimedia Commons https://commons.wikimedia.org/wiki/File:Ur_Namma_stele_Nanna_Penn_Museum.jpg

[50] A.Davey de Portland, Oregón, EE UU, CC BY 2.0 <https://creativecommons.org/licenses/by/2.0>, vía Wikimedia Commons https://commons.wikimedia.org/wiki/File:Ahura_Mazda_(right)_Invests_Ardashir_I_With_the_Ring_of_Kingship_(4895917806).jpg

[51] https://commons.wikimedia.org/wiki/File:Hit,_Euphrates_Art.IWMART2353.jpg

[52] https://commons.wikimedia.org/wiki/File:C%2BB-Music-Fig24-AssyrianQuartet.PNG

[53] https://commons.wikimedia.org/wiki/File:Mesopotamian_-_Duck_-_Walters_421455.jpg

[54] Allan Gluck, CC BY 4.0 <https://creativecommons.org/licenses/by/4.0>, vía Wikimedia Commons https://commons.wikimedia.org/wiki/File:Assyrian_Relief_depicting_Celebration_after_a_Royal_Bull_Hunt_Kalhu_(Nimrud)_Northwest_Palace_Ashurnasirpal_II_875-860_BCE_British_Museum_AG.jpg

[55] https://commons.wikimedia.org/wiki/File:Mesopotamian_-_Cylinder_Seal_with_a_Deity_Accepting_an_Offering_-_Walters_42713.jpg

[56] Artista desconocido, CC0, vía Wikimedia Commons https://commons.wikimedia.org/wiki/File:Assyrian_Furniture_panel_made_of_Ivory_and_Wood.jpg

[57] Internet Archive Book Images, Sin restricciones, vía Wikimedia Commons https://commons.wikimedia.org/wiki/File:The_story_of_the_greatest_nations;_a_comprehensive_history,_extending_from_the_earliest_times_to_the_present,_founded_on_the_most_modern_authorities,_and_including_chronological_summaries_and_(14596654787).jpg

⁵⁸ Miguel Angel Omaña Rojas, CC BY 4.0 <https://creativecommons.org/licenses/by/4.0>, vía Wikimedia Commons https://commons.wikimedia.org/wiki/File:Sumerian_Queen_Kubaba.jpg

⁵⁹ Sailko, CC BY 3.0 <https://creativecommons.org/licenses/by/3.0>, vía Wikimedia Commons https://commons.wikimedia.org/wiki/File:Ishtar_on_an_Akkadian_seal.jpg

⁶⁰ Osama Shukir Muhammed Amin FRCP(Glasg), CC BY-SA 4.0 <https://creativecommons.org/licenses/by-sa/4.0>, vía Wikimedia Commons https://commons.wikimedia.org/wiki/File:Detail,_Part_of_the_so-called_Banquet_Plaques._Beer_was_a_common_daily_dietary_staple_in_ancient_Mesopotamia._From_Ur,_Iraq._Early_Dynastic_Period,_2900-2350_BCE._Sulaymaniyah_Museum,_Iraqi_Kurdistan.jpg

⁶¹ Osama Shukir Muhammed Amin FRCP(Glasg), CC BY-SA 4.0 <https://creativecommons.org/licenses/by-sa/4.0>, vía Wikimedia Commons https://commons.wikimedia.org/wiki/File:Ruins_of_the_ziggurat_and_temple_of_god_Nabu_at_the_ancient_city_of_Borsippa,_Babel_Governorate,_Iraq._6th_century_BC.jpg

⁶² Merikanto, CC BY 4.0 <https://creativecommons.org/licenses/by/4.0>, vía Wikimedia Commons https://commons.wikimedia.org/wiki/File:Choga_mami_on_near_east_precipitation_map_1.png

⁶³ Osama Shukir Muhammed Amin FRCP(Glasg), CC BY-SA 4.0 <https://creativecommons.org/licenses/by-sa/4.0>, vía Wikimedia Commons https://commons.wikimedia.org/wiki/File:Terracotta_plaque_depicting_Mushussu_(Mu%C5%A1%E1%B8%ABu%C5%A1%C5%A1u;_sirrush)._This_model_plaque_was_mass-produced_at_that_time_to_protect_Babylonian_households_from_enemies._From_southern_Iraq._800-500_BCE.jpg

⁶⁴ Daderot, CC0, vía Wikimedia Commons https://commons.wikimedia.org/wiki/File:Clay_peg_for_patterned_wall_decoration,_terracotta_-_Oriental_Institute_Museum,_University_of_Chicago_-_DSC07029.JPG

⁶⁵ Mary Harrsch, CC BY 2.0 <https://creativecommons.org/licenses/by/2.0>, vía Wikimedia Commons https://commons.wikimedia.org/wiki/File:Two_female_figurines_with_bitumen_headdresses_ceramic_Ur_Iraq_Ubaid_4_period_4500-4000_BCE.jpg

⁶⁶ Osama Shukir Muhammed Amin FRCP(Glasg), CC BY-SA 4.0 <https://creativecommons.org/licenses/by-sa/4.0>, vía Wikimedia Commons https://commons.wikimedia.org/wiki/File:Warka_Vase,_Top_Register.jpg

⁶⁷ David Stanley de Nanaimo, Canadá, CC BY 2.0 <https://creativecommons.org/licenses/by/2.0>, vía Wikimedia Commons https://commons.wikimedia.org/wiki/File:Hanging_Gardens_of_Babylon_(30309171040).jpg

⁶⁸ Osama Shukir Muhammed Amin, CC BY-SA 3.0 <https://creativecommons.org/licenses/by-sa/3.0>, vía Wikimedia Commons https://commons.wikimedia.org/wiki/File:Foundation_Pegs,_from_Ningirsu_Temple,_Girsu.jpg

⁶⁹ ninara, CC BY-SA 2.0 <https://creativecommons.org/licenses/by-sa/2.0>, vía Wikimedia Commons https://commons.wikimedia.org/wiki/File:Choqa_Zanbil_2.jpg

⁷⁰ Bertramz, CC BY 3.0 <https://creativecommons.org/licenses/by/3.0>, vía Wikimedia Commons https://commons.wikimedia.org/wiki/File:TellBrakTW-W.jpg

[71] Osama Shukir Muhammed Amin FRCP(Glasg), CC BY-SA 4.0
<https://creativecommons.org/licenses/by-sa/4.0>, vía Wikimedia Commons
https://commons.wikimedia.org/wiki/File:Soldiers_of_Taharqa_defending_their_city_from_the_As
syrian_assault.jpg

[72] Osama Shukir Muhammed Amin FRCP(Glasg), CC BY-SA 4.0
<https://creativecommons.org/licenses/by-sa/4.0>, vía Wikimedia C
https://commons.wikimedia.org/wiki/File:Stele_of_Adad-nirari_III.jpg

[73] Zunkir, CC BY-SA 4.0 <https://creativecommons.org/licenses/by-sa/4.0>, vía Wikimedia
Commons https://commons.wikimedia.org/wiki/File:Cylinder_seal_Ur_III_BM_89131.jpg

[74] https://commons.wikimedia.org/wiki/File:Mod%C3%A8le_de_chariot_de_guerre_-_Kish_-
_P%C3%A9riode_Pal%C3%A9o_baylonienne.jpg

[75] Anónimo, CC BY-SA 4.0 <https://creativecommons.org/licenses/by-sa/4.0>, vía Wikimedia
Commons https://commons.wikimedia.org/wiki/File:The_Akkadian_Empire.png

[76] Gary Todd, CC0, vía Wikimedia Commons
https://commons.wikimedia.org/wiki/File:Meskalamdug_helmet_back_view.jpg

[77] El uploader original fue Artaxiad en Wikipedia en inglés., CC BY-SA 3.0
<http://creativecommons.org/licenses/by-sa/3.0/>, vía Wikimedia Commons
https://commons.wikimedia.org/wiki/File:13-Urartu-9-6mta.gif

[78] https://commons.wikimedia.org/wiki/File:Assyrian_archers.jpg

[79] Museo Británico, CC BY 2.5 <https://creativecommons.org/licenses/by/2.5>, vía Wikimedia
Commons https://commons.wikimedia.org/wiki/File:Tiglath-pileser_III_BM_WA118900.jpg

[80] Mary Harrsch de Springfield, Oregón, EE.UU., CC BY 2.0
<https://creativecommons.org/licenses/by/2.0>, vía Wikimedia Commons
https://commons.wikimedia.org/wiki/File:Statue_of_Ashurbanipal_outside_the_Asian_Art_Museu
m_1_(261590353).jpg

[81] https://commons.wikimedia.org/wiki/File:Mesopotamian_-_Barrel-Shaped_Cylinder_Seal_-
_Walters_42655.jpg

[82] © Marie-Lan Nguyen / Wikimedia Commons
https://commons.wikimedia.org/wiki/File:Silver_debt_tablet_and_envelope_IAM.jpg

[83] Gary Todd de Xinzheng, China, CC0, vía Wikimedia Commons
https://commons.wikimedia.org/wiki/File:Ancient_Assyria_Jewelry_(28672549256).jpg

[84] Eric Polk, CC BY-SA 4.0 <https://creativecommons.org/licenses/by-sa/4.0>, vía Wikimedia
Commons https://commons.wikimedia.org/wiki/File:Persian_daric_with_king_holding_bow.jpg

[85] Mary Harrsch, CC BY 2.0 <https://creativecommons.org/licenses/by/2.0>, vía Wikimedia
Commonshttps://commons.wikimedia.org/wiki/File:Ancient_Mesopotamian_Counting_Tokens_fr
om_Tepe_Gawra_in_modern_day_Iraq_5000-4500_BCE.jpg

[86] Osama Shukir Muhammed Amin FRCP(Glasg), CC BY-SA 4.0
<https://creativecommons.org/licenses/by-sa/4.0>, vía Wikimedia Commons
https://commons.wikimedia.org/wiki/File:One_of_the_Amarna_letters._Correspondence_between
_a_king_of_Alashiya_and_Amenhotep_III_of_Egypt._Circa_1380_BCE._From_Tell_el-
Amarna,_Egypt._Vorderasiatisches_Museum,_Berlin.jpg

[87] Middle_East_topographic_map-blank.svg: Sémhur (talk)obra derivada: Zunkir, CC BY-SA 3.0 <https://creativecommons.org/licenses/by-sa/3.0>, vía Wikimedia Commons https://commons.wikimedia.org/wiki/File:Moyen_Orient_3mil_aC.svg

[88] Osama Shukir Muhammed Amin FRCP(Glasg), CC BY-SA 4.0 <https://creativecommons.org/licenses/by-sa/4.0>, vía Wikimedia Commons https://commons.wikimedia.org/wiki/File:Lizard-headed_nude_woman_nursing_a_child,_from_Ur,_Iraq,_c._4000_BCE._Iraq_Museum_(retocada).jpg

[89] Joshua Doubek, CC BY-SA 3.0 <https://creativecommons.org/licenses/by-sa/3.0>, vía Wikimedia Commons https://commons.wikimedia.org/wiki/File:Zagros_Folded_Zone.jpg

[90] Daderot, CC0, vía Wikimedia Commons https://commons.wikimedia.org/wiki/File:Metal_coils_of_silver_used_for_currency,_Mesopotamia_-_Oriental_Institute_Museum,_University_of_Chicago_-_DSC07273.JPG

[91] Sam Valadi, CC BY 2.0 <https://creativecommons.org/licenses/by/2.0>, vía Wikimedia Commons https://commons.wikimedia.org/wiki/File:Guggenheim_Museum-New_York_City_(17207156426).jpg

[92] https://commons.wikimedia.org/wiki/File:Sumerian_pre-cuneiform_number_system.gif

[93] A.Davey de Portland, Oregón, EE UU, CC BY 2.0 <https://creativecommons.org/licenses/by/2.0>, vía Wikimedia Commons https://commons.wikimedia.org/wiki/File:The_Gilgamesh_Pot_(4769119820).jpg

[94] https://commons.wikimedia.org/wiki/File:Ethel_Birch_-_Cherwell,_Mesopotamia_-_Sarjeant_Gallery.jpg

[95] Avveroes, CC BY-SA 3.0 <https://creativecommons.org/licenses/by-sa/3.0>, vía Wikimedia Commons https://commons.wikimedia.org/wiki/File:Dia-Al-Azzawi-Portrait-Picture.jpg

[96] Internet Archive Book Images, Sin restricciones, vía Wikimedia Commons https://commons.wikimedia.org/wiki/File:The_popular_and_critical_Bible_encyclop%C3%A6dia_and_Scriptural_dictionary,_fully_defining_and_explaining_all_religious_terms,_including_biographical,_geographical,_historical,_archaeological_and_doctrinal_(14756078436).jpg

[97] Alemazzi, CC BY-SA 4.0 <https://creativecommons.org/licenses/by-sa/4.0>, vía Wikimedia Commons https://commons.wikimedia.org/wiki/File:Mesopotamian_hybrid_beings_(Mischwesen)_by_Frans_A.M._Wiggermann.png

[98] LittleAstronomer, CC BY-SA 4.0 <https://creativecommons.org/licenses/by-sa/4.0>, vía Wikimedia Commons https://commons.wikimedia.org/wiki/File:Leo%2Bhva_mul-apin.jpg

[99] https://commons.wikimedia.org/wiki/File:Well%26Karez.JPG

[100] w_lemay, CC BY-SA 2.0 <https://creativecommons.org/licenses/by-sa/2.0>, vía Wikimedia Commons https://commons.wikimedia.org/wiki/File:Rookery_Building,_LaSalle_Street_and_Adams_Street,_Chicago,_IL_-_52901591410.jpg